C. G. Jung

# Über Gefühle und den Schatten

# C. G. Jung
# Über Gefühle und den Schatten

Winterthurer Fragestunden

Textbuch

Walter Verlag
Zürich und Düsseldorf

Die Deutsche Bibliothek – CIP-Einheitsaufnahme

**Jung, C. G.:**
Über Gefühle und den Schatten : [Medienkombination]:
Fragestunden / C. G. Jung. –
Zürich ; Düsseldorf : Walter, 1999
Cds. 1999
Textbuch. 1999
ISBN 3-530-40063-7

4. Aufl., 2005

Umschlaggestaltung: Hermann Schelbert
Foto: Arnold Renold
Satz: Jung Crossmedia Publishing, Lahnau
Printed in Germany
ISBN 3-530-40063-7

# Inhalt

## Textbuch



## Originalton-Aufnahmen

# C. G. Jung
# Über Gefühle und den Schatten

Winterthurer Fragestunden

Textbuch

Walter Verlag
Zürich und Düsseldorf

# Vorwort

Im Oktober 1955 besuchte C. G. Jung erstmals Sabi und Ignaz Tauber-Scheitlin in Winterthur, und im Familienkreis durfte jedes von uns fünf Kindern Jung eine persönliche Frage stellen. Als er am 26. Mai 1956 wieder zu Besuch kam, erweiterte sich der Kreis der Fragenden um drei befreundete Ehepaare. Bei seinem dritten Besuch am 29. Mai 1957 kamen zehn weitere Bekannte und Verwandte hinzu, und jemand nahm Jungs Antworten auf Tonband auf; leider unvollständig. Erst bei seinem vierten Besuch am 27. Juni 1959 war ich im Besitze eines eigenen Tonbandgerätes und konnte, mit Jungs ausdrücklicher Einwilligung, sämtliche Fragen und Antworten aufnehmen. Am 3. März 1961 erlaubte es Jungs Gesundheitszustand nicht mehr, daß er nach Winterthur kam, und so fand die letzte Fragestunde bei ihm zu Hause in Küsnacht statt; ohne Tonbandgerät.

Eine erste Frage wurde Jung jeweils im Auto vorgelegt, wenn die Gastgeber ihn abholten in Küsnacht oder in Bollingen. Sämtliche weiteren Fragen entstanden im Laufe des Abends aus dem Moment heraus.

Aus technischen Gründen beginnen die drei CDs mit der vollständigen, zweistündigen Aufnahme von 1959 über die Gefühle; anschließend folgen – Ende CD 2 und ganze CD 3 – die bereits 1957 aufgenommenen, fragmentarischen anderthalb Stunden über den Schatten und das Böse. Es wurden bewußt keine Längen herausgeschnitten, um den Aufzeichnungen den Charakter eines Dokumentes zu belassen. Einziger Tonschnitt: in den Pausen.

Für die Transkription ab Tonband und für die Umsetzung von Mundart in Schriftsprache danke ich Zita Tauber, Hannelore Isler und Irene Gerber ganz besonders; es war nicht immer leicht, die

Ambiance des Gesprochenen zu wahren und den Text trotzdem lesbar zu gestalten. Mit Fußnoten versuchten wir, einige Bezüge zu den Gesammelten Werken herzustellen. Außerdem bin ich Gotthilf Isler und Marianne Schiess zu Dank verpflichtet; ihre Koordination ermöglichte eine fruchtbare Zusammenarbeit.

Zürich, den 9. November 1998 Christian Tauber-Biasion

Teil 1

# Fragestunde vom 27. Juni 1959

# Über Gefühle

Ignaz Tauber: Herr Professor Jung, wir freuen uns und danken Ihnen ganz herzlich, daß Sie wieder zu uns gekommen sind. Zwar sollten wir durch Ihre Bücher schon weise geworden sein, aber schon Goethe hat gesagt: «Wenn du's nicht fühlst, du kannst es nicht erjagen.» Und eben gerade das ist uns heute möglich, wenn Sie bei uns sind, daß wir es durch diese persönliche Begegnung mit Ihnen doch auch gefühlsmäßig ein bißchen erfassen können. Und darum haben wir den heutigen Nachmittag unter das Motto gestellt – ich zitiere aus Don Carlos:

*[...] Sagen Sie*
*Ihm, daß er für die Träume seiner Jugend*
*Soll Achtung tragen, wenn er Mann sein wird,*
*Nicht öffnen soll dem tötenden Insekte*
*Gerühmter besserer Vernunft das Herz*
*Der zarten Götterblume – daß er nicht*
*Soll irre werden, wenn des Staubes Weisheit*
*Begeisterung, die Himmelstochter, lästert.*[1]

Und jetzt möchte ich Ihnen die Frage stellen: Spüren Sie in Ihrem Leben, in Erlebnissen, Begebenheiten oder Träumen, eine Linie im Sinne dieses obigen Mottos? Und fühlen Sie sich, durch dies alles, auf das Jenseits hingeführt – als Mensch und nicht als Wissenschafter?

C. G. Jung: Das ist eine Frage, die an mich gerichtet ist. Ja, darüber ließe sich natürlich sehr viel sagen, denn es ist ja das große Leid-

1 Friedrich Schiller, *Don Carlos*, 4. Akt, 21. Auftritt, Verse 4289–4296.

wesen in unserer Kultur, daß wir merkwürdig unfähig sind, unsere eigenen Gefühle zu realisieren, das heißt, die Dinge zu spüren, die uns etwas angehen. Man sieht so oft, daß die Leute über Ereignisse oder Erlebnisse hinweggehen, ohne zu merken, was ihnen eigentlich passiert ist. Weil sie gar nicht realisieren, daß sie eine Gefühlsreaktion haben. Meistens spüren sie nur das, was man einen Affekt nennt, eine Emotion, die physiologische Begleiterscheinungen hat. Also: eine verstärkte Herztätigkeit, beschleunigte Atmung, motorische Phänomene, dies spüren sie dann. Aber wenn es eine Gefühlsreaktion ist, merken sie es sehr oft überhaupt nicht, weil die Gefühlsreaktion nicht von psychophysischen Phänomenen begleitet ist. Ich habe bei meinen Assoziationsversuchen oft gesehen, daß jemand ein Gefühl hatte bei einer Reaktion, aber wenn man ihn in einen Stromkreislauf einschloß und das sogenannte psychogalvanische Phänomen untersuchte, sah man eventuell keinen wesentlichen Ausschlag, oder überhaupt keinen. Ich machte damals Versuche mit meinem ursprünglichen Chef, mit dem alten Professor Bleuler.[2] Wir untersuchten gerade speziell die Frage, wie sich Gefühle von Affekten unterscheiden. Wenn ich ihm etwas sagte, wenn ich irgendeine Frage aufbrachte bei diesem Experiment – man kann auch Fragen stellen, man muß sich nicht nur auf das Assoziations- oder Reizwort und auf das Reaktionswort beschränken –, wenn ich nun irgend etwas aufbrachte, das uns beiden bekannt war als eine ärgerliche Angelegenheit, dann hatte er eine deutliche Reaktion. Der psychogalvanische Ausschlag war positiv, es ging eine größere Elektrizitätsmenge durch den Körper. Ich erfuhr nun per Zufall an jenem Tag eine Geschichte, die Bleuler passiert war, eine ärgerliche Angelegenheit in der Anstalt, und ich wußte, daß er überzeugt war, niemand wisse davon. Dann machte ich eine Anspielung auf diese Affäre, aus der er ganz deutlich hätte sehen können, daß ich etwas davon wußte. Weil er aber so überzeugt war, daß ich nichts wußte,

2 Vgl. C. G. Jung: *Über Grundlagen der analytischen Psychologie; Tavistock Lectures,* Gesammelte Werke (GW) 18/I, § 49; und GW 2, passim.

daß ich unmöglich etwas davon wissen konnte, hatte er keinen Ausschlag, nur eine ganz minime Reaktion. Aber dann sagte ich es ihm in einer Weise, daß er sah, daß ich wußte, was ihm zugestoßen war – und dann hatte er einen kolossalen Ausschlag! Also: Wenn er mit sich allein ist, weiß er nicht, was ihm diese Sache eigentlich wert ist, oder wieviel sie ihm ausmacht. Wenn er aber weiß, daß jemand anderer davon weiß, dann bekommt er den eigentlichen Affekt. Solange wir mit uns selber alleine sind, können wir weiß Gott was für Kamele verschlucken, und es macht uns weiter nichts. Solange wir annehmen, niemand anderer wisse es, sind wir schlecht imstande auszumachen, was uns eine Sache eigentlich bedeutet. Darum rate ich den Leuten immer an, von ihren Angelegenheiten auch etwas zu sagen. Dann merken sie nämlich, was ihnen diese Sachen wert sind.

Ich habe das zum Beispiel in meiner wissenschaftlichen Tätigkeit immer getan. Bei dieser Tätigkeit kommen einem alle möglichen Gedanken, von denen man nie recht weiß, was sie wert sind. Und da ist es immer vorteilhaft, mit jemandem zu reden; und zwar ist da – das muß ich schon sagen – das weibliche Geschlecht besonders ausgezeichnet. Wenn man zu Frauen etwas sagt, und sie haben eine unkontrollierte Emotion darüber, dann weiß man, was es wert ist, dann weiß man es nämlich selber. Mit Männern zu reden, ist in einem solchen Fall nicht so vorteilhaft, weil nämlich ein Mann in einem solchen Fall meistens in einer gewissen Weise versagt. Und zwar vielleicht aus diesem Grund: «Weiß der Teufel, jetzt weiß der das, und ich wußte es nicht. Also zeigen wir nichts.» – Eine falsche Reaktion, nicht wahr. Oder er denkt: «Wie ist es bei mir?» – Nein, da sagt man nichts, da reagiert man nicht. Denn man ist irgendwo getroffen. Und so ist in einem Fall, wo es sich um eine Mehrzahl von nicht genügend bewerteten Vorstellungen handelt, die Unterhaltung mit Frauen etwas ganz Besonderes. Ich habe von Frauen, zum Beispiel von Studentinnen, Reaktionen bekommen, bei denen ich gemerkt habe: Ah, das «sitzt», das ist richtig, jetzt weiß ich, was es wert ist; weil eben die Anteilnahme des anderen – und zwar eine ganz unpräjudizierte Reaktion – einem die Realisation des eigenen

Gefühls ermöglicht. Ich nenne das immer die «präzipitierende Wirkung der weiblichen Unterhaltung». Das ist wirklich etwas Merkwürdiges. Ich schickte zum Beispiel oft Patienten, die etwas [Bestimmtes] hätten merken müssen, zu einer Frau und sagte: «Erzählen Sie nun ihr einmal diese Geschichte!», und dann spürten sie es plötzlich.

Ich kann mich lebhaft an einen Fall erinnern: Das war ein Philosoph, ein deutscher Philosoph, der immer von einer großen intellektuellen Überlegenheit war. Er erzählte mir alle möglichen Geschichten, und ich merkte deutlich, der weiß gar nicht, was er eigentlich erlebt hat oder was mit ihm passiert ist. Und dann sagte ich ihm: «Gehen Sie jetzt einmal zu Frau Soundso.» Am Abend des nächsten Tages rief mich die Betreffende an und sagte: «Was haben Sie mir da für einen Mann geschickt? Was ist mit dem los? Der ist ja halb verrückt.» Da fragte ich: «Was ist denn passiert?» – «Ja, er fing an, mir von einer Geschichte zu erzählen, und geriet dabei in eine solche Emotion, daß er sich am Boden herumrollte. Ist der verrückt?» Ich sagte: «Nein, nein, das ist ein deutscher Philosoph, der ist nicht verrückt.» Er hat einfach bei dieser Frau zum ersten Mal realisiert, daß er im Grunde über gewisse Dinge eine riesige Emotion hatte. Was er vor mir versteckte – ich habe ihn später wieder gesehen –, weil er nämlich in Gegenwart eines Mannes nicht unterlegen sein konnte. Er konnte doch mir nicht unterlegen sein! Während ihm dies bei einer Frau weiter nichts ausmachte. Darum zeigen sich Männer ja gerade Frauen gegenüber sehr oft von der schlechtesten Seite. Das kommt häufig vor.

Ich erwähne diese Dinge nur, um zu zeigen, wie schwierig es ist, die richtigen Empfindungen[3] zu haben, und wie notwendig es allein schon ist, die richtigen Gefühle zu erfassen und zu realisieren, und wie dies nicht möglich ist, wenn man allein ist. Wenn Sie jemanden

3 In der gesprochenen Sprache, besonders in Mundart, vermischen sich Ausdrücke, die Jung sonst streng unterscheidet. Vgl. C. G. Jung: *Psychologische Typen,* GW 6, bes. Kap. X, Allgemeine Beschreibung der Typen, und XI, Definitionen.

auf dem Gipfel des Mont Blanc einsperren, kann er dort nichts realisieren, denn der Firn und die Wolken und der Wind sagen ihm nicht, was er ist. Er weiß nur, daß er nicht Wolke ist, nicht Wind und nicht Schnee. Aber wenn er einen anderen Menschen bei sich hat, dann kann er realisieren, in welchem Zustand er ist und in welchem Zustand der andere ist.

Und so ist es nötig, daß auch die Erlebnisse, die man hat, zuerst noch einen eigentlichen Erlebnisprozeß durchlaufen. Sie können irgend etwas erleben, aber wenn Sie es alleine erleben, so ist es, wie wenn es noch nicht richtig angekommen wäre. Sie müssen es mit jemandem teilen, dann haben Sie eine Chance zur völligen Realisierung. Und erst dann ist man imstande zu sehen, was einem gefühlsmäßige Erlebnisse eigentlich bedeuten. Man sieht nämlich sehr oft, daß dort, wo diese Gefühle nicht realisiert werden, Dinge in einem stehenbleiben und die merkwürdigsten Wirkungen entfalten können, die einem dann ganz unbegreiflich sind.

Ich erinnere mich an eine Engländerin: Sie war auch Ärztin – nur um zu zeigen, daß dies nicht etwa nur Männern passiert, das kann auch Frauen passieren. Sie war ledig, hätte verschiedene Male Gelegenheit gehabt zu heiraten, schwebte dann aber mit dem Studium, mit der Praxis und so weiter darüber hinweg, ohne zu realisieren, was sie eigentlich hätte tun, hätte realisieren müssen. Das fiel mir auf, und ich sagte ihr einmal: «Sie benehmen sich genauso wie eine geliebte Frau, also wie eine Frau, die sicher ist, daß sie von einem Mann geliebt wird.» Sie war sehr erstaunt und begriff das gar nicht. Da sagte ich: «Ist es denn nicht möglich, daß Sie einmal mit einem Mann zusammengestoßen waren, den Sie wirklich liebten, oder von dem Sie sicher waren, daß er Sie auch liebte?» Zuerst wollte sie nichts wissen, aber dann stellte sich heraus, daß es wohl so war, als sie zwanzig war. Weil das aber mit ihrem Studium irgendwie kollidierte, hatte sie diesen Fall übersehen und wollte nicht hinschauen. Sie realisierte einfach nicht, was sie dort aufgegeben hatte. Von da an war sie blockiert, wie wenn sie tabuiert worden wäre. Kein Mann kam mehr an sie heran, weil sie den Betreffenden wirklich hätte heiraten sollen. Als sie das merkte, war sie sehr erstaunt. Sie war damals schon fünfundvierzig. Nachträglich hörte ich, daß dieser Mann Witwer war und sie ihn wieder aufsuchte. Aber zum Heiraten reichte es nicht mehr ganz, nur annähernd.

Nun, wenn ich zu mir selber komme, wozu ich durch Ihre Frage, ob ich auch Entsprechendes erlebt hätte, genötigt bin, so muß ich natürlich sagen: Ja, ich war auch einmal jung und merkte vieles nicht. Ich mußte auch in meinem eigenen Leben lernen, was Gefühle sind und was für eine enorme Wichtigkeit sie haben.

Ich merkte zum Beispiel erst sehr viel später, was das eigentlich war, was ich dreißig oder vierzig Jahre vorher geträumt hatte. Ich kann es historisch genau angeben: Mit ungefähr Sechsunddreißig realisierte ich zum ersten Mal, was ich als Knabe, etwa im Alter von neun Jahren, jeweils getan hatte. Damals nämlich, im sechsunddreißigsten Jahr, las ich einen Bericht über prähistorische Entdeckungen am [Burgäschisee].[4] Es handelte sich dort um die sogenannten Moorsiedlungen oder Sumpfsiedlungen. Da legten sie einfach Lagen von Baumstämmen hin und errichteten darauf Hütten. Dort fand man vor einer Hütte eine Steinsetzung. Jeder einzelne Stein – also nicht sehr große Steine, etwa Fauststeine – war in Birkenrinde eingehüllt, in Birkenbast, und die Steine waren regelmäßig gesetzt. Dies ist ein ‹cache› von Seelensteinen. Was das ist, weiß man von den jetzt noch lebenden zentralaustralischen Primitiven. Diese haben sogenannte Seelensteine, sogenannte Churingas – sie können auch aus Holz sein –, die sie bei der Männerweihe erhalten. Sie versenken diese danach in Felsklüfte, hohle Bäume oder in Quellen und besuchen sie dann von Zeit zu Zeit wieder, und zwar unter interessanten Umständen: Wenn ein Mann das Gefühl hat, daß ihm – wie wir in unserem professionellen Slang sagen – die Libido wegfällt, das heißt, wenn seine Lebenskraft absinkt, wenn er kein Interesse mehr hat, wenn es ihm «nicht mehr drum» ist, wenn er deprimiert oder gelangweilt ist, dann weiß der Primitive, daß es an der

4 Vgl. C. G. Jung: *Die Visionen des Zosimos,* GW 13, § 129.

Zeit ist, die Churingas aufzusuchen. Er geht dann an diese Quelle oder was immer dieses ‹cache› ist und holt die Churingas hervor. Das sind meistens flache Steinplatten oder Holzplatten. Er legt sie auf seine Knie und beginnt sie zu reiben. Er reibt sie eine lange Zeit, und dadurch geht die schlechte Lebenskraft, die schlecht gewordene Lebenskraft, in diesen Stein hinein, und die gute Lebenskraft, die im Stein ist – sie ist im Stein aufbewahrt, er ist eine Art psychischer Akkumulator – geht dann in ihn über. Dann geht es ihm wieder gut, und der Stein wird wieder ins Versteck hinuntergesenkt.

So hatten auch unsere Vorfahren solche Steinsetzungen, mit diesen kostbaren Churinga-Steinen. Man hat ein ganzes ‹cache› in Arlesheim gefunden, in jenen Höhlen unter dem Schloß. Sie waren halbseitig bemalt. Man sieht, es waren Gegenstände eines Kultes.

Als Knabe besaß ich – natürlich ohne zu wissen, was das bedeutet – eine Federschachtel. Ich schnitzte zuerst am oberen Ende eines Lineals ein Männlein mit einem Zylinder und malte dieses mit Tinte schwarz an, sägte es ab und legte es in meine Federschachtel. Dort machte ich ihm ein kleines Bettchen und machte ihm auch ein Mäntelchen. Dann suchte ich am Rheinufer flache Steine, malte sie mit Wasserfarben an, und sie gehörten nun zu diesem Männchen. Sie kamen auch dort hinein. Dann verschloß ich die Sache und stieg auf unseren zweistöckigen Estrich. Es war ein altes Pfarrhaus auf dem Lande, wo wir einen zweistöckigen Estrich hatten. Aber es war strengstens verboten, auf den zweiten Estrich zu steigen, weil er baufällig war. Ich stieg trotzdem hinauf, kletterte auf einen der riesigen Balken und versteckte dort oben diese Schachtel. Das war mein Geheimnis, und niemand wußte es. Ich ging auch nur dorthin, wenn ich sicher war, daß mich niemand beobachtete. Das gehörte einfach dazu. So ging ich denn von Zeit zu Zeit dort hinauf und schrieb jedesmal etwas auf ein kleines Stück Papier. Ich weiß nicht mehr, was, das ist mir nicht mehr zurückgekommen. Aber ich schrieb etwas darauf, rollte es zu einem kleinen Röllchen und brachte es dem kleinen Männchen, damit es etwas zu lesen hätte. Das war seine Bibliothek. Es war für mich jedesmal eine ganz besondere Satisfaktion, daß ich ein solches Männchen besaß, das nur mir gehörte, und diese Steine, über die ich mir überhaupt keinen Vers machen konnte. Das ging so bis zu meinem elften Jahr, dann vergaß ich es vollständig. In all den folgenden Jahren wußte ich nichts mehr davon. Und dann, in meinem sechunddreißigsten Jahr, las ich eben von diesem erwähnten Fund, und in diesem Moment kam mir die ganze Geschichte wieder zum Bewußtsein.[5]

Das ist natürlich eine ganze Mythologie. Ich hatte ja als Knabe keine Ahnung von solchen Dingen. Ich stellte diese ‹kista› her, mit verhüllten Göttern darin, diesen Kabiren[6], mit diesem ‹cache› von Seelensteinen und einem Kult davon. Das war also ohne irgendwelche Provokation von außen, ganz natürlicherweise, wie ein Spiel aus mir gewachsen. Da war also eine ganz komplexe Geschichte einfach in die Vergangenheit versunken. Es interessierte mich natürlich, unter welchen Umständen denn dieses Gedächtnis vollständig verlorengegangen war. Es ist nämlich möglich, daß diese Schachtel jetzt noch dort liegt. Es ist mir nie mehr in Erinnerung gekommen. Ich kann mich absolut nicht erinnern, daß ich sie je heruntergenommen hätte. Es war für mich ein «lieu de pèlerinage» und enorm tabu. Das war ein großes Geheimnis, ich weiß auch nicht, warum. Das wurde nun vergessen, weil ich in meinem elften Jahr ein merkwürdiges Erlebnis hatte: Ich war auf meinem Schulweg ins Gymnasium in Basel. Ich ging immer dem Rhein entlang nach Basel. Ich war allein und – plötzlich war ich da! Ich hatte plötzlich das Gefühl: «Jetzt bin ich da!» Und zwar hatte ich dann das Gefühl: «Ja, wieso da?», wie wenn ich soeben aus einer Nebelwand getreten wäre. Ich fragte: «Aber was war denn dort?» Es fiel mir kolossal schwer, das zu realisieren. Aber ich hatte das Gefühl, in dieser Nebelwand drinnen gäbe es allerhand Gegenstände: Väter und Mütter und Tiere und Eisenbahnen und Straßen und Wagen und andere

5 Vgl. auch C. G. Jung: *Erinnerungen, Träume, Gedanken;* aufgezeichnet und herausgegeben von Aniela Jaffé. Zürich und Stuttgart 1962, pp. 27–30.
6 Vgl. auch C. G. Jung: *Symbole der Wandlung,* GW 5, §§ 180–184, Abb. 27, 29, 30.

Leute und ich. Das war alles etwa dasselbe. Es waren einfach alles Dinge, die sich bewegten oder die feststanden, die einfach dort drin waren, ohne irgendwie aufeinander bezogen zu sein. – Und jetzt war ich aber! Und jetzt wußte ich, daß ich ich bin, ein Mensch bin, und nun sagen kann: «Das ist ein Wagen, und nicht nur einfach auch ein Gegenstand, sondern einer, der Räder hat, und ich habe Beine.»[7]

Ich weiß nicht, ob ich Ihnen das klarmachen kann. Es war einfach die Realisierung eines Ich-Bewußtseins. Jetzt hatte ich ein Ich-Bewußtsein. Vorher war es ein kindliches Bewußtsein von Gegenständen, die eben herumstanden oder -lagen oder -gingen, wie ich auch. Es bestand eigentlich kein Wertunterschied, ich konnte noch kein Wertgefühl realisieren. Damals sah ich zum ersten Mal, daß *ich* bin, aber in diesem Moment war die ganze Vorgeschichte verschwunden. Von da an war nichts mehr, der ganze Zauber dieser Schachtel war untergegangen. Das war natürlich eine ungemein archaische Angelegenheit. Natürlich war es auch bedingt durch meine Erziehung, denn es fing schon früh an, daß ich in bezug auf die allgemein verkündeten Wahrheiten ein bißchen kritisch war. Damals setzte offenbar eine solche Entwicklung ein.

Durch die Bewußtwerdung wird man in eine Bewußtseinswelt hineingestoßen, oder man kommt in eine Bewußtseinswelt, in der man die ursprünglichen Gefühlswerte verliert. Man weiß sie nicht mehr. Diese Geschichte mit dem kleinen Männlein war für mich eine hochemotionale Geschichte. Und mit ihr war ein ganzer Teil meines eigenen Wesens einfach untergegangen, der dann später allerdings eine um so größere Rolle spielte, als ich sah, was solche archetypischen Erlebnisse eigentlich bedeuten.

Wenn man die Anamnese der Leute genauer ansieht, so kann man öfters derart eigentümliche Dinge hören. Aus diesen kann man dann schließen, wie viele Gefühlswerte im Bewußtseinsprozeß verlorengegangen sind. Der Bewußtseinsprozeß ist der Kulturprozeß, und durch den Kulturprozeß werden wir in hohem Maß von einer

7 Vgl. auch C. G. Jung: *Erinnerungen, Träume, Gedanken,* pp. 38f.

ursprünglichen sinn- und gefühlerfüllten Welt abgeschnitten. Es ist ein positiver Verlust, wenn man das nicht mehr hat. Denn dann ist man nicht mehr imstande, etwas Analoges, das einem wieder zustößt, richtig zu bewerten. Dieser Verlust hat mich veranlaßt und hat die Rolle in meinem Leben gespielt, daß ich ausschließlich den Intellekt wählte. Das war meine ‹force›. Ich entwickelte mich einseitig in dieser Richtung, sagen wir in der wissenschaftlichen Richtung, was natürlich zu meinem Vorteil war. Aber es war menschlich zu meinem Nachteil. Es wurde teuer erkauft durch den Verlust an Menschlichkeit. Denn die Menschlichkeit liegt in diesen Dingen. Ich gebe Ihnen dies nur als Beispiel, wie es zu gehen pflegt. Sie können sich ja lebhaft vorstellen, daß es im Leben einer Frau wie dieser Engländerin, von der ich Ihnen erzählte, ein ungeheurer Verlust war, daß diese Sache einfach so sang- und klanglos verschwunden war. Von da an war sie verlobt, das heißt, sie war einfach das ganze Leben lang die Verlobte eines unbekannten und unsichtbaren Mannes und verspielte diesen Teil ihres Lebens vollständig.

So erging es auch mir. Diese einseitige Bewußtseinsentwicklung war unvermeidlich, und zwar deshalb, weil ich, wie ich dann später gesehen habe, die ursprüngliche Realisierung dieser Gefühlswerte, dieser eigentümlichen, archaischen Gefühlswerte, damals nicht vollziehen konnte.

Später, als ich Ähnliches erlebte, sagte ich: «Ja, vor 10 000 Jahren – oder die Neger in Afrika, die machen solche Dinge. Das ist nichts, das beweist nichts, das tut nichts [zur Sache]. Das ist alter Mist.» Wenn man sein eigenes Erlebnis – ohne daß man es noch wüßte – auch in dieser Weise bewertet, wird es noch viel weiter von einem weggedrängt. Durch die wissenschaftliche Weiterentwicklung werden solche Erlebnisse eben gerade noch weiter weggedrängt. – Da brauchte es nachher natürlich eine große Arbeit, diese Kontinuität wieder auszugraben.

Ich hatte zum Beispiel einen Traum, als ich drei Jahre alt war. Ich kann es nachweisen, das ist keine Phantasie von mir. Das war ein Traum, den ich erst verstanden habe, als ich über sechzig Jahre alt war, weil jene ganze Erlebniswelt durch die Einseitigkeit der Entwicklung einfach verschwunden war, auf Nimmerwiedersehen. – Es ist auch schwierig, von diesen Dingen zu reden, weil wir alle in der Situation sind, daß wir nichtrealisierte Urerlebnisse haben. Und diese gehören eben zur Vollständigkeit der Persönlichkeit.

Nun stoßen einem ja viele dieser Dinge in Träumen wieder auf, wo man sie sehr oft nicht wieder erkennt, wenn man nicht quasi darauf ausgerichtet ist und darauf trainiert ist, den Kontext von Trauminhalten wiederherzustellen. Wenn man das kann, kann man auch diese Urbeziehungen wieder auffinden. Aber das können ja die wenigsten Menschen, und infolgedessen können sie auch Ursprüngliches schlecht wiedererkennen. Es gehörte aber zum Ganzen der Persönlichkeit.

Ich möchte die Frage, die Herr Dr. Tauber stellte, noch einmal in anderer Façon wiederholen, nämlich: Merkt man oder sieht man, daß die inneren Gegebenheiten oder Realisierungen auf ein bestimmtes Ziel hin tendieren? – Da muß ich schon sagen: Das merkt man lange nicht. Erst wenn man eine große Anzahl, eine große Menge von inneren Erfahrungen angesammelt hat, kann man sehen, wohin das eigentlich zielt. Und selbst dann ist man nicht sicher, weil diese Dinge eben auch einen doppelten Aspekt haben. Was gewissermaßen aus jenen Urzeiten stammt, hat eine Macht, die nach vorne drängt und zugleich zurückzieht. Man kann sich da hinein zurückziehen. Bei Geisteskranken ist das zum Beispiel der Fall, daß sie sich in die Urerlebnisse gewissermaßen zurückziehen; sie werden zurückgezogen. Sie machen sich sogar einen Punkt daraus, wie wenn das eine besondere Leistung wäre. Sie erfinden zum Beispiel eine besondere Sprache, sie haben diese Neologismen, sie drücken sich überstellt aus, wie zum Beispiel Heidegger – also auch wieder ein deutscher Philosoph – und merken nicht, daß sie sich in «Machtwörter» zurückziehen, in die Zauberwörter der Primitiven.[8] Und damit geht es im wirklichen Leben verloren. Während sich ein

8 Vgl. C. G. Jung: *Paracelsus als geistige Erscheinung*, GW 13, § 155.

anderer gerade dadurch veranlaßt fühlt, vorwärts zu gehen und diese Dinge ins wirkliche Leben zu übersetzen. Darum kann ich diese Frage nur bedingt positiv beantworten. Es hängt am einzelnen Menschen, ob er sieht, was es heißt, oder nicht. Ob er sich die Mühe nimmt, diese Dinge positiv zu sehen, oder ob er sich dem Eindruck überläßt und ihn dieser zurückzieht. Der kann ihm ebensoviel Schaden zufügen. Das merken die Menschen meistens nicht.

In der Praxis hat man oft große Mühe, den Menschen eine positive Bedeutung davon beizubringen. Eben darum bin ich so kritisch mit den Theologen, weil sie eine archaische Sprache verkünden, die man auch träumen könnte, ohne darauf zu drängen, daß der Mensch *versteht,* was damit gesagt ist. Wenn ich zum Beispiel irgendeinen meiner Patienten, unter Umständen einen hochgebildeten Menschen, frage, was das eigentlich heißt: «Durch das Blut unseres Herrn Jesu Christi sind wir von unseren Sünden erlöst.» Was heißt das? Das ist eine Phrase, die Sie jeden Sonntag hören können. Ja, was heißt das in Wirklichkeit? Was um Gottes willen heißt das? Nicht *einer* könnte es sagen, weil man nämlich prinzipiell darüber nicht nachdenkt, und das gereicht den Menschen zum Verderben. Das sind nämlich Vorstellungen, die weiterführen sollten. In Wirklichkeit aber gleitet man damit einfach in die Vergangenheit zurück. Man wird davon wieder unbewußt gemacht. Weil man nicht weiß, was diese Wörter heißen, und weil man sich so dem Gefühlseindruck [überläßt]. «Das Blut unseres Herrn Jesu Christi» – das klingt so feierlich und sonntäglich und so religiös, so herrlich religiös. Man meint dann, man sei irgendwie gerechtfertigt und in einem besonders herrlichen Zustand, wenn man so etwas sagen oder singen oder beten kann – und man weiß doch nicht, was es ist.

Ich beobachtete zum Beispiel seinerzeit bei den Elgonyis, meinen schwarzen Gewährsmännern in Kenia, gewisse Riten. Ich fragte sie: «Was meint ihr damit? Warum macht ihr das?» Sie wußten es nicht. Da fragte ich: «Weiß jemand, was ihr da macht?» Da sagten sie mir: «Ja, der ‹medicine-man›, der weiß es, der N'ganga.» Ich ging zum N'ganga und fragte ihn. Er sagte: «Ja, ja, mein Vater wußte es noch, aber ich weiß es nicht.» Er wußte es auch nicht, aber sein Vater, oder in letzter Instanz der Großvater, die wußten es noch. Aber weiter geht es nicht, denn hinter dem Großvater kommt Napoleon I., dann Wilhelm Tell und dann Adam, wie einer in der Rekrutenprüfung schrieb. Das waren seine Kenntnisse der Weltgeschichte. – Wo bin ich stehengeblieben? Man sollte halt keine schlechten Witze dazwischen machen. Ja richtig: meine Neger. Einer meiner Freunde sagte: «Diese Menschen sind doch sehr primitiv, o Gott, die wissen nicht einmal, was sie tun.» Da sagte ich: «Ja, warte einmal, wie ist jetzt das mit dem Weihnachtsbaum? Weißt du, warum man einen Weihnachtsbaum macht?» Das wußte er auch nicht. Der Vater hatte es auch schon so gemacht und der Großvater. Das war das einzige, was er wußte. Aber was ein Weihnachtsbaum bedeutet, das wußte er nicht. Partout comme chez nous – wir sind nicht besser. Wir sind in dieser Hinsicht genauso primitiv. So ist fast die ganze religiöse Sprache heutzutage eine archaische Sprache. Wir wissen nicht, was es bedeutet. Wir sollten uns das sehr klar sagen. Und es ist mehr zum Verderben der Menschen als zu ihrem Vorteil, weil sie in Gefahr sind zurückzurutschen. Man sollte nämlich wissen, was es heißt. Aber in dieser Hinsicht wird einfach nichts gedacht. Es besteht eine riesige Denkfaulheit. Das ist nicht nur bei uns Protestanten so, sondern auch bei den Katholiken.

Ich habe eine interessante Erfahrung gemacht: Ein Professor der Münchner katholischen Fakultät war bei mir, ein Jesuit, ein sehr gelehrter und sehr gescheiter Typ. Er kam mit allen Anzeichen einer gerechten Erregung in meinen Konsultationsraum und sagte: «Ich habe Ihren *Hiob* gelesen.» Da sagte ich: «Ja, da werden Sie etwas zu sagen haben.» Da sagte er: «Allerdings! Aber es gibt nur *eine* Frage. Wie können Sie als ein intelligenter Europäer und als ein – wenigstens protestantischer – Christ behaupten, daß Christus und Maria keine Menschen gewesen seien?» Er dachte natürlich, ich sei jetzt komplett erschlagen. Da sagte ich ihm: «Mein lieber Herr Professor, das ist doch eigentlich ganz einfach, nicht wahr. Sehen Sie, Sie, nach Ihrer eigenen Kirchenlehre, sind doch im ‹peccatum originale›, also in der ‹macula peccati› geboren, also im «Flecken der Sünde», in der Erbsünde. Ich auch; alle anderen Menschen. Alle Menschen sind korrupt und sterblich, weil die ‹macula peccati› auf ihnen lastet. Christus und Maria haben keine ‹macula peccati›, also sind sie keine Menschen. Fertig.» Da erlebte ich zum ersten Mal einen Jesuiten, der keine Antwort mehr wußte. Er wußte nichts mehr zu sagen. Stellen Sie sich das einmal vor, eine solche Katastrophe! Das ist, wie wenn Sie den Arzt fragten, was eine Pneumonie sei, und er Ihnen keine Antwort darauf wüßte. Genau so. Eine erstaunliche Unartikuliertheit, weil sie eben nur die Bilder annehmen, die Wörter annehmen, und darüber nichts mehr realisieren. Sie realisieren nicht, daß sie es ja gar nicht verstehen. Sie wissen doch gar nicht, was das eigentlich heißt. Wenn Sie also zum Beispiel – honnête! – einen solchen Spruch, wie «erlöst durch das Blut unseres Herrn Jesu Christi», genau analysieren, so kommen Sie auf erstaunliche Schlüsse. Aber das wird nie gemacht. Ich bekam in dieser Hinsicht eine Lehre von meinem eigenen Vater. Er sagte mir: «Du denkst eben zu viel. Du mußt nicht denken, du mußt glauben.» Da sagte ich ihm: «Bitte, gib mir diesen Glauben!» Er hatte ihn selber nicht, denn sonst hätte er ihn geben können. Man kann nur geben, was man hat. Was man nicht hat, kann man nicht geben. Das hat er auch nicht gewußt.

Also, sehen Sie, die Realisierung der Gefühle, die unbedingt nötig ist, um weiterzukommen im Leben, ist eine sehr schwierige Angelegenheit. Man kann also nicht behaupten oder hoffnungsvoll sein in der Hinsicht, daß diese Erlebnisse einen eindeutig auf ein Ziel hinweisen würden. Man muß noch sehr große Erfahrungen haben, und sehr viele, bis man sagen kann, wahrscheinlich geht es in diese oder jene Richtung. Man weiß natürlich schon, daß sie Wichtigstes andeuten, in der einen Richtung wie in der anderen. Rückwärts geht es zurück zur Idee einer archaischen Gottheit. Vorwärts geht es in etwas Dunkles, das wir eben noch nicht kennen. Aber es ist ein großer Unterschied, ob wir in eine archaische Geistesverfassung zurückkommen, wo wir überhaupt nichts mehr denken, und nur noch absoluter Suggestion verfallen. Man wird suggestibel, wenn man nicht bewußte, sondern nur unbewußte Gedanken hat. Dann wird man ungeheuer suggestibel und verfällt allen möglichen blödsinnigen Machtwörtern oder Slogans.

Ich glaube, ich habe jetzt genug gesagt zu dieser Frage. Haben Sie noch Fragen?

IGNAZ TAUBER: Hat jemand eine Frage dazu?

C. G. JUNG: Sie haben doch unmöglich alles verstanden, oder? – Sie können ganz ruhig naiv sein, sonst realisieren Sie ja Ihre Gefühle nie!

# Über Erlösung

IGNAZ TAUBER: Herr Dr. Baumann möchte etwas fragen.

HANS BAUMANN: Mich hätte jetzt gerade das Problem «die Erlösung durch das Blut Jesu Christi» im Detail interessiert. Und ich glaube, verschiedene andere auch.

C. G. JUNG: Ja – realisieren Sie nun einmal! Was heißt das? Warum sollen unsere Sünden abgewaschen werden durch das Blut? Was um Gottes willen heißt das?

Es heißt also zum Beispiel: Ein Mensch, ein unschuldiger, wird geschlachtet. Er ist der Sohn eines großen Gottes. Er wird von diesem geschickt und wird dann aber seinen Feinden überlassen, ohne daß der Gott schützend eingreift. – Der Gott liefert also seinen eigenen Sohn seinen Feinden aus, Er greift nicht ein. Und dann wird dieser auf eine grausame Art hingerichtet, und das Blut, das von ihm ausgeht, ist zauberkräftig, denn es kann bewirken, daß die Sünden, die andere Menschen begangen haben, nicht mehr existieren. Nun, wie ist das zu verstehen? – In erster Linie so: Die Sünden, die wir begehen, sind ein Ungehorsam gegenüber den Geboten Gottes. Im Alten Testament sind ja die Ureltern ungehorsam, und das ist das, was zur ‹macula peccati originalis› geworden ist. Ein Ungehorsam der ersten Eltern hat verursacht, daß wir korrumpiert sind und infolgedessen sterblich. Das Thema des Ungehorsams, dieses hocharchaische Thema, wird dann im christlichen Dogma fortgesetzt. Unsere Sünden bestehen in einem Ungehorsam. Darüber ist der Weltenschöpfer jedesmal schrecklich verärgert, und zwar dermaßen verärgert, daß er nur dadurch versöhnt werden kann, daß sein Sohn geschlachtet wird. Stellen Sie sich einmal eine so blutrünstige Geschichte vor! Denn Er wird versöhnt durch das Opfer Christi. Also: Es existiert zum Beispiel ein mächtiger Tyrann, dessen Zorn ich auf mich geladen habe, und er ist dann versöhnt, wenn ich meinen eigenen Sohn schlachten lasse, ja wenn ich sogar veranlaßt werde, meinen eigenen Sohn zu schlachten, wie dies Abraham geschehen ist. Es gibt einen jüdischen Kommentar zu dieser Abraham-Isaak-Geschichte. Dort heißt es: Als der Engel den Bock, den Widder, anstelle von Isaak brachte, wurde Isaak nicht getötet. Da sagte Jahwe zu Abraham, er könne jetzt vom Altar heruntersteigen, es sei nun fertig, erledigt. Aber Abraham sagte, nein, er bleibe beim Altar oben, er habe noch etwas zu sagen. Nämlich *Er*, Jahwe, habe ihm befohlen, seinen Sohn Isaak zu opfern. Beinahe habe er ihn abgestochen. Und dann hätte Jahwe sein Wort gebrochen, denn Er habe ihm in Isaak seinen Samen versprochen. Da sagte Jahwe: «Ja, bei Gott, das ist richtig.» – Deshalb solle man am Versöhnungstag in der Synagoge den Schofar blasen – das ist das Bockshorn, mit dem die Ketzer verflucht werden –, damit *Er*, Jahwe, daran erinnert werde, daß Er *beinahe* sein Wort gebrochen hätte.[9] Das ist jüdische Theologie. Das ist wie die Geschichte vom Hohenpriester, der jedes Jahr einmal, am Frühlingstag, ins Allerheiligste geht. «Und dort», heißt es, «sah er die Herrlichkeit Adonais.» – «Adonai» heißt: Herr. «Und die Herrlichkeit sprach zu ihm und sagte: ‹Segne mich, mein Sohn.›» Der Hohepriester sprach dann den Segen über Ihn aus und fügte hinzu: «Und mögest Du Dich stets Deiner guten Eigenschaften mehr erinnern als Deiner schlechten.» Das ist die Psychologie von Hiob. Daraus geht der Hiob-Konflikt hervor. Das ist eine Bewußtheit von einer ursprünglichen Nichtunterschiedenheit, man kann fast sagen Identität von Gut und Böse, ein unverständliches Einssein der zwei. Sie stehen nebeneinander. Für uns heißt das: eine absolute Ambivalenz, in allererster Linie Jahwes. Aber im Neuen Testament

9 Vgl. dazu C. G. Jungs Ausführungen in einem Brief an Pasteur William Lachat, GW 18/II, § 1551.

können Sie die gleichen Spuren nachweisen, daß nämlich der Gott des Neuen Testamentes keineswegs ein Gott der Liebe ist, sondern ein rachsüchtiger, ein schrecklich rachsüchtiger Gott, der sogar seinen eigenen Sohn schlachtet, damit Er aus seinem eigenen Ärger herauskommt. Darauf läuft es hinaus. Darin spiegeln sich ganz klar psychische Verhältnisse beim Menschen. Es ist für uns unmöglich, uns einen Weltschöpfer vorzustellen, der kein Gegensatzpaar wäre. Er *muß* gegensätzlich sein, sonst hätte Er ja gar keine Energie. Es gäbe keine Schaffung des Lichtes aus dem Dunkeln. Wenn kein Dunkel vorhanden ist, gibt es auch kein Licht daraus, und wenn kein Licht vorhanden ist, gibt es kein Dunkel. Es muß so sein. Aber wenn die beiden Dinge getrennt werden, dann wird die Angelegenheit schwierig, dann gibt es eine ambivalente Gottesvorstellung, die wir uns dauernd verheimlichen. Die Theologen verheimlichen sie sich.

Daraus [folgt] ganz unvermeidlich eine andere Observation: Am zweiten Schöpfungstag – das war ein Montag, denn Er begann am Sonntag –, da wurde Licht. Am Montag wurden die Gegensätze getrennt: Die oberen Wasser wurden geschieden von den unteren. Am Abend *dieses* Tages sagte Jahwe nicht: «Und siehe, es war gut.» Das sagte Er an allen anderen Tagen, aber an diesem Tage nicht. Nun ist das am Tage der Frau, Luna, und am Tage des Nachtgestirns, und im Mittelalter behauptete man, der Teufel sei an jenem Tag geschaffen worden, die Schlange im Paradies, die ja vor Adam existierte. Im Mittelalter wurde erklärt, dieser Schöpfungstag sei nicht gelobt worden, weil er eine etwas mißliche Angelegenheit war. Als ich bei mittelalterlichen Schriftstellern darauf stieß, schaute ich den berühmten Genesis-Kommentar von Origenes durch. Tatsächlich sagt dort Origenes, daß Gott an *allen* Schöpfungstagen sein Werk gelobt habe; er mußte diese ärgerliche Geschichte unterschlagen. Es muß etwas Außergewöhnliches passiert sein an jenem Tag, daß Gott diesen Tag nicht gelobt hat.[10] Das wird auch übergangen. Kein

10 Vgl. C. G. Jung: *Versuch einer psychologischen Deutung des Trinitätsdogmas*, GW 11, § 256; ferner *Psychologie und Religion*, GW 11, § 104[48]; zur Symbolik

Mensch denkt daran. Im Mittelalter spürte man solche Dinge noch auf, weil man über diese Dinge nachdachte. Aber wir denken *unendlich* viel weniger über diese biblischen Angelegenheiten nach als das Mittelalter, *unendlich* viel weniger. Wir machen in Textkritik und solche Sachen, aber wir denken über die Gegenstände nicht nach.

Ich frage mich, wie viele unserer Theologen eine Ahnung haben von den jüdischen Kommentaren zum Alten Testament, zum Beispiel von dieser Ambivalenz, oder von der unleugbaren Tatsache, daß Gott ein Blutopfer verlangt, und zwar, daß Er seinen eigenen Sohn so behandelt und dies auch Abraham zutrauen wollte. Dort passierte es glücklicherweise nicht, aber beinahe, beinahe! Ich weiß nicht, ob am Versöhnungstag in der Synagoge tatsächlich der Schofar noch geblasen wird, mit bewußtem Wissen. Man hat ihn natürlich geblasen, um sich Jahwe vernehmbar zu machen, so wie wir die Glocken läuten. In Rothenthurm haben sie in ganz großen Buchstaben aufs Kirchendach geschrieben: «Heiliger Antonius, bitt für uns!», damit er es im Himmel oben sehen kann.

Die Glocke hat eine ähnliche Bedeutung wie der Gong im Osten. Der Gong ist die metallene, weittragende Stimme, die jeder einzelne auch macht, wenn er sagt: «Om!» Das ist der Gongschlag. Das ist die Anrufung, die Invokation. Sie kommt ursprünglich von einem Urlaut, den ich in Afrika auch oft hörte, nämlich «mmh». Das sagt man instinktiv für: «schöne Aussicht», «schöne Musik», «ein schönes Bild», «ein schönes Mädchen». Da sagt man: «Mmh!» – Ich war mit einer Delegation von Mitgliedern der ‹British Association› in Darjeeling auf dem Tiger-Hill, wo wir den Sonnenuntergang auf dem Kanchenjunga beobachteten. Das war ein herrlicher Anblick. Alle diese britischen Naturforscher sagten «mmh». Ich konnte nicht umhin, nachher zu fragen, ob sie auch wüßten, was für ein Gebet sie da gesprochen hätten. Ein archaisches Gebet nämlich. Es

des Blutes siehe *Das Wandlungssymbol in der Messe,* GW 11, Kap. III, passim; und zur vertieften Beantwortung der ganzen Frage siehe *Antwort auf Hiob,* GW 11, Kap. IX (rev. Neuauflage 1988, vorher Kap. VI).

waren dort sehr viele tibetanische Gebetsflaggen um uns herum, lange Bambusstöcke mit kleinen, weißen Fähnchen daran. Diese waren mit ‹block-prints› bedruckt und zeigten das Ratna-Sambhava[11], das Pferd mit Cintâmani[12], der großen Kostbarkeit, der unerschwinglichen Kostbarkeit, und mit der Umschrift «Om mani padme hum». Das heißt: «Oh, das Kleinod im Lotus.»[13] Dort haben Sie es beieinander. Diese Leute haben das nicht gewußt, aber die Schönheit war so überwältigend, daß jeder für sich sagte: «Mmh!» Nun ist das ein Urlaut, denn das ist der Laut, den die Mutter zum Kind sagt, wenn das Kind nicht essen will: «Mmh, das schmeckt gut. Probiere es nur einmal! Mmh!» Oder wenn man mit einem Neger zusammenkommt, und die Situation ist nicht ganz sicher. Man weiß nicht, wohin das tendiert, er traut mir nicht, und ich traue ihm nicht. Dann setzen sich beide auf den Boden, legen die Waffen ab und sagen: «Mmh, mmh, mmh» – so geht es hin und her, eine ganze Zeit – «mmh, (d)jambo, (d)jambo, (d)jambo – mmh», und man rutscht allmählich näher. Das sind Begütigungen, Empfehlungen, ein Ausdruck von ‹appreciation› – «mmh, ist das gut». Und das wurde dann zur Anrufung. In der Antike zum Beispiel – auch das ist belächelt worden – hörte man bei den Mithras-Tempeln immer Pfeifen und Schnalzen und mit den Fingern Schnippen. Damit lockte man die Götter. Man lockte sie wie Hunde, wie Tiere. Man lockte sie gewissermaßen durch ihre tierischen Attribute an. Von da her kommen also schließlich die Glocken. Da ist natürlich sehr viel archaisches Material, von dem man einfach in die Unbewußtheit hineingezogen wird.

Die British Scientists waren eine Selektion berühmter Herren, die dort eine ‹priceless opportunity› gehabt hätten, ein Gefühl zu realisieren. Aber sie waren so arm, daß sie nur den Urlaut hervor-

11 Vgl. C. G. Jung: *Psychologischer Kommentar zum Bardo Thödol,* GW 11, § 852.
12 Vgl. C. G. Jung: *Zur Psychologie östlicher Meditation,* GW 11, § 919.
13 Vgl. C. G. Jung: *Das Typenproblem in der Dichtkunst,* GW 6, § 295 (bzw. § 298 in der vollständig überarbeiteten Neuauflage von 1994).

bringen konnten: «Mmh». Einer bat mich dann, ich möchte ihnen doch um Gottes willen den *Faust* hier rezitieren, den Sonnenuntergang – streckenweise wußte ich ihn noch und rezitierte ihn –, damit nämlich dem Gefühl Ausdruck verliehen werde. Es war der Historiker von Cambridge, der mich aufforderte. Ich fand es noch gelungen, daß er spürte, daß etwas gesagt werden sollte.

Ja, [sind] noch mehr [Fragen]?

# Über neue Symbole

IGNAZ TAUBER: Herr Dr. Jung möchte noch etwas fragen.

ERNST JUNG: Ich hätte gerne gefragt, ob Sie aufgrund Ihrer großen Erfahrung am modernen Menschen den Eindruck haben, daß sich neue Symbole in religiöser Hinsicht bilden werden oder bilden könnten? Sei es nun im christlichen Rahmen oder sei es etwas ganz Neues. Gerade im Hinblick auf die Zweiteilung der Welt, die doch irgendwie auch einmal zu einer ‹Coniunctio› tendiert.

C. G. JUNG: Ja – es sollte zu einer Einheit kommen. Ja, das ist tatsächlich der Fall. Man kann das direkt nachweisen. In den Träumen des modernen Menschen kommen diese Mandala-Symbole vor. Nun hat man aber keine Erfahrung von früher her. Wir können nicht sagen, ob diese Mandala-Symbole von früher her schon da waren oder ob sie heutzutage in vermehrtem Maße auftreten. Ich habe diese Dinge vor allem nach dem letzten Weltkrieg gefunden, aber wer wußte vorher so etwas? Niemand, nicht wahr. Nun haben wir aber objektive Belege dafür, und das sind diese ‹Saucers›-Berichte, Berichte über Ufos. Ich habe ein Büchlein darüber geschrieben.[14] Das ist der objektive Beleg, daß solche Visionen stattfinden und daß ein solcher ‹lore›[15] erfunden wurde.

Sogar ein Astronom, der berühmte Fred Hoyle in Cambridge, schreibt ganz naiv ein Buch über dieses Motiv, eine Novelle, ohne

14 *Ein moderner Mythus: Von Dingen, die am Himmel gesehen werden*, GW 10, Kap. XV.

15 ‹lore› = Glaube, Kunde, Überlieferung.

eine Ahnung zu haben, wovon er eigentlich schreibt.[16] Er beschreibt es in Form einer Kugel, eines sogenannten Globulus. Das ist eine globuläre Materieansammlung, die mit der Zeit durch Verdichtung zu einem Stern wird. Dieser nähert sich der Erde an, und zwar nicht direkt der Erde, sondern der Sonne, um Energie aufzunehmen. Unwissentlich verdunkelt er aber die Sonne, so daß wir auf der Erde zuerst beinahe verbrennen und dann beinahe erfrieren. Dies ist der Inhalt der Geschichte und ‹le dénouement›. Es zeigt sich, daß diese Wolke schon so weit entwickelt ist, daß sie in sich intellektuelle Vorgänge hat. Die Menschen treten dann – mittels Radio-Telephonie – in Verbindung mit diesen ‹currents› in der Wolke. Das ist eine tolle Idee, aber das heißt einfach, es ist ein globulärer Körper mit übermenschlicher Intelligenz und von unendlich langer Dauer. Er hat die Lebensdauer eines Gestirns. Es ist eben die Geschichte eines Astronomen.

Das ist also einer dieser Fälle; es gibt noch andere, zum Beispiel die Geschichte eines Engländers.[17] Ich weiß nicht, ob ich Ihnen Bekanntes erzähle. In einem abgelegenen englischen Dorf geschah es, daß ein solches Ufo, ein solcher ‹flying saucer›, landete und einen Kreis mit einem Radius von einer Meile um sich zog. Jeder, der mit ihm von außen in Berührung kam, fiel sofort in einen hypnotischen Schlaf, Mann und Tier. An jenen Stellen gab es natürlich Automobilunglücke, und das Dorf sank für vierundzwanzig Stunden vollkommen in Schlaf wegen der Gegenwart dieses Ufos. Und dann, nach vierundzwanzig Stunden, erwachte alles wieder vollkommen normal, und nichts war passiert, absolut nichts. Kein Mensch hatte etwas gemerkt, und nirgends fehlte etwas. Nach einigen Wochen stellte sich allerdings heraus, daß alle konzeptionsfähigen Frauen dieses Ortes schwanger waren. Da kam natürlich große

16 Fred Hoyle: *The Black Cloud.* London 1957. Vgl. auch C. G. Jung: *Ein moderner Mythus,* GW 10, §§ 810–820.
17 John Wyndham: *The Midwich Cuckoos.* London and New York 1957. Vgl. C. G. Jung, GW 10, §§ 821–824.

Aufregung in dieses respektable Dorf. Die Leute warteten ab, was hätte man auch anderes tun können? Sie bekamen dann Kinder, die besonders nett und intelligent waren und alle goldene Augen hatten. In der Schule zeigte sich bald, daß sie viel intelligenter waren als die anderen und daß sie auch eine merkwürdige Fähigkeit besaßen: Es war, wie wenn sie alle zusammen *einen* Verstand hätten, so daß nur ein Mädchen und ein Junge jeweils zur Schule gingen. Das genügte. Die anderen wußten dann alles, was jene aufgenommen hatten. Man mußte eine besondere Schule einrichten für sie, weil sie ganz abscheulich intelligent und vorwitzig geworden waren. Schließlich dämmerte es den Engländern, daß dies einfach eine überlegene Rasse war, eine ganz neue Rasse Mensch, und zwar von überlegener Intelligenz. Sie bekamen dann unterdessen neue Informationen, es sei auch in Afrika passiert, daß ein Negerdorf eingeschläfert worden sei und sie nachher Kinder mit goldenen Augen hatten, die sie aber sofort umbrachten, weil das etwas Neues war. So wurde die Frage in Afrika «gelöst». In einem Eskimodorf geschah dasselbe. Der Eskimostamm setzte die Kinder einfach aus. Sie erfroren, und damit war es auch erledigt.

Aber in Sibirien passierte es unter der Herrschaft der Sowjets, die sich dafür interessierten und das Dorf isolierten, komplett abdichteten, und beobachteten, was aus diesen Menschen werde. Sie fanden heraus, daß diese auch noch das «Zweite Gesicht» hatten. Sie hatten telepathische Fähigkeiten. Das wurde den Russen dann doch zuviel, und sie schossen mit schwerer Artillerie das ganze Lokal zusammen und machten alles kaputt. Und die Engländer sassen da und wußten nicht, was sie mit der neuen Rasse tun sollten. Es gab dann einen edlen Engländer, der sich besonders um die Erziehung dieser Kinder verdient gemacht hatte. Er hatte größtes Mitleid und brachte größtes Verständnis für sie auf. Der war aber der Meinung, entweder wir oder sie! Wenn *sie* die Oberhand gewinnen, sind wir verloren. Dann sind wir einfach ‹the poor niggers›, und sie sind dann die eigentlichen Hirsche, und wir sind beherrscht. Da sagte er: «Das ist unmöglich.» ‹Rule Britannia!›, nicht wahr. Dann ließ er mehrere Kisten Dynamit ins Schulzimmer bringen, wo sie alle beisammen waren, und ließ sich mit der ganzen Gesellschaft in die Luft sprengen. Seitdem ist nichts mehr passiert. Das ist eine solche Geschichte.

Das heißt also, es ist eine dunkle Erzählung, ein ‹rumor›, daß sich im Menschen etwas inkarnieren will. Etwas will in unser Weltsystem eindringen, etwas Rundes, etwas wie die Sonne, etwas Goldenes, etwas Überlegenes, eine Ganzheit, die der Mensch nicht hat. Und dies wird nun gesehen in Form von runden, glänzenden Erscheinungen. Darin hat es Stimmen, Intelligenzen, die überlegen sind, die behaupten, sie kämen von der Venus oder vom Mars, und die sich um unsere irdische Situation kümmern, um die ganze politische Weltlage. Sie wollen uns gute Ratschläge erteilen, uns helfen oder vielleicht sogar helfen auszuwandern. Es sind ja alles Heilandsschiffchen, die vom Himmel kommen und die uns von unserer Dumpfheit erlösen wollen. Das ist der Mythus, der heute gilt. Es ist bloße Ignoranz auf unserer Seite, wenn wir das unterschätzen. In Amerika haben sie einen «Gallup-Test» gemacht und herausgefunden, daß etwas mehr als vierzig Prozent der Bevölkerung davon überzeugt sind, daß diese ‹saucers› existieren, daß sie vorhanden sind.

Und wenn Sie gar die Literatur kennen! Ich kann Ihnen ein Buch empfehlen, das hochinteressant ist. Es ist von Aimé Michel und heißt *Corps mystérieux – corps célestes*[18]. Er war selber in der Aviation und ist ein intelligenter Franzose. Er machte hochinteressante Beobachtungen, nämlich daß die Beobachtungen solcher Ufos während eines Tages alle auf *einer* geographischen Linie liegen. Er fixierte das auf der Karte. Hochinteressant. Es würde darauf hinweisen, daß etwas daran ist. Dieses Buch hat mich annähernd davon überzeugt, daß an diesen Dingen doch etwas Wahres ist. Es muß irgend etwas Physikalisches dran sein. Aber was daraus gemacht wird, *das* ist für uns interessant, weil nämlich eine ganze Erlösungshoffnung auf diese Dinge projiziert wird. Es ist nicht weit entfernt

18 Korrekter Titel: *Mystérieux objects célestes.* Paris 1958.

von einer Religionsbildung, einer Erwartung von Erlösern aus anderen Sphären. Diese Literatur ist hochinteressant.

Kürzlich gab es in Basel einen Skandal, als einer behauptete, er sei elfmal um den Mond herumgefahren; der Mond habe auf der anderen Seite Wasser und Städte usw. Das ist natürlich ein heilloser Blödsinn. Dieser Mann ist ein Schwindler, aber er hat Gläubige in der Schweiz. Ich kenne sogar jemanden, der, obwohl er sonst ganz vernünftig ist, vollkommen überzeugt ist, daß das stimme. Der hat natürlich auch diesen «Erlöserwahn». Er reist gelegentlich auf die Venus – dort haben sie eine wunderbare und fabelhafte Kultur, schöne Leute mit blonden Locken und großen blauen Augen. Dieser Mann hat die sogenannten ‹contacts›. Man nennt das in Amerika ‹contacts› mit diesen überlegenen Wesen. Aber das ist der ‹origin of a myth›.

So wurde auch die Christusgeburt von der wunderbaren Konjunktion von Jupiter und Saturn angezeigt – das ist der Stern von Bethlehem –, die wirklich stattgefunden hat. Er [Christus] wird gewissermaßen auch von den Sternen abgeleitet. Wie bei einer Epiphanie eines Gottes ist das ein Gott, der von einem Olymp, das heißt vom Himmel, aus der Sternenwelt herunterkommt und auf der Welt erscheint. Das geschieht jetzt wieder. Es geschieht in der gleichen banalen Weise wie früher, als unbedeutende Leute herumgingen und verkündeten: «Christus ist erschienen. Er ist auf die Erde gekommen, er ist wirklich geworden.» Ganz naiv. Das war die Rolle, die Paulus spielte, wie Sie im Thessaloniker-Brief sehen können. Er kommt da zu Gemeinden, von denen wir immer glaubten, es seien christliche gewesen. Das waren jüdische ‹settlements›. Er verkündete dort, der Messias sei nun gekommen. In Wirklichkeit sei das passiert. Es sei in Jerusalem so und so geschehen. *Das* war das Evangelium. Das ist die sogenannte Urverkündigung: Er sei jetzt wirklich auf die Erde gekommen. In unseren Zeiten steht die Evangeliums-Verkündung im ‹Ebro-Bulletin› und in derartigen Zeitungen oder in der ‹Saucer-Review› – und ist ebenso lächerlich. So geschieht es in Wirklichkeit, daß ein solcher Mythus dann lebendig wird.

Bei Buddha ist das die gleiche Geschichte. Man wußte damals noch nichts von Buddha, sondern man wußte lediglich, daß dieser kluge, wohlwollende Mann ein bedeutender Mann war. Aber später wurde er der «Große» und mehr als alle Götter, der «Elefant». Seine Lehre nennt man die «Elefanten-Spur». Alle Dinge sind einmal klein, wenn sie anfangen, und so ist es jetzt bei uns.

Es würde mich gar nicht wundern, wenn das noch ich weiß nicht wohin führte. Solange die Sache noch so dunkel ist, kann natürlich alles hineinprojiziert werden. Darum möchte man gerne wissen, was eigentlich die Realität dieser Geschichten ist. Aber warum man nicht *mehr* weiß, ist vollkommen dunkel. Ich weiß nur, daß eine Reihe von Geschichten jetzt zum Vorschein kommt, die jahrelang im Dunkeln lagen, von denen man nichts wußte. Das sind zum Teil hochinteressante Beobachtungen. – Also ich empfehle Ihnen dringend das Buch von Aimé Michel, das kann ich wirklich empfehlen, es ist hochinteressant, weil es diese Seite der möglichen Wirklichkeit beleuchtet. Es ist weitaus das Beste über diese ganze Sache.[19]

What about the time?

[Pausengeplauder]

19 Vgl. auch Aimé Michel, *The Truth about Flying Saucers.* London 1957. (Original: *Lueurs sur les soucoupes volantes.* Paris 1954), angegeben bei C. G. Jung, GW 10, §§ 609[4] und 668[13].

# Über Projektionen

Ignaz Tauber: Wenn Sie gestatten, Herr Professor, stellen wir Ihnen noch einmal eine Frage. Es sind eigentlich zwei, die zusammengehören, und sie lauten: Wie haben Sie es gemacht, wenn Ihnen jeweils die Lebenskraft ausgegangen ist, wenn Sie zuviel Arbeit hatten, bei einer Depression oder bei einem Schicksalsschlag? Zum Teil haben Sie sie uns schon beantwortet mit diesen Seelensteinen. Und die letzte Frage gehört auch dazu: Wie konnten Sie Ihre Projektionen zurückziehen?

C. G. Jung: Ja, diese beiden Fragen gehören unbedingt zusammen. Wenn einem die Lebenskraft, das heißt die Anteilnahme am Leben, das Interesse, die Energie verlorengeht, so ist das wie eine Ermüdung. Was tut man, wenn man ermüdet ist? Man rollt sich ein wie ein Hund auf einem Sofa und bleibt bei sich selber. Man sammelt sich wieder, man erholt sich. Und wenn man psychisch in Unordnung geraten ist, so versammelt man sich auch psychisch wieder, indem man sich selber Aufmerksamkeit schenkt, sich die Dinge überlegt, sich mit ihnen auseinandersetzt, sie sich bewußtmacht, und zwar all das, was einen selber betrifft. Jeder, der leidend ist, wird selbstisch, egozentrisch. Das ist absolut nötig, damit er sich wieder richtig zusammensetzen kann. Es ist also genauso, wie wenn der Australier seine Churingas sucht und reibt. So suchen wir einen stillen Ort, Ruhe, Konzentration, um uns aus der Schwierigkeit herauszuhelfen. Man kann das unterstützen: In Indien sind diese Praktiken artikuliert, schön auseinandergelegt. Sie können sich selber «eratmen», wenn Sie wollen. Oder Sie können sich in einen besonderen Lotussitz begeben, der Sie an Ihre eigene Positur erinnert, an

Ihren Körper. Sitzen Sie einmal zwei Stunden lang im Lotussitz – da spüren Sie, wo Sie sind, schon aus physiologischen Gründen.

Oder man erfüllt sich irgendwelche erfüllbaren Wünsche. Ich hatte zum Beispiel eine Patientin, die lebensgefährliche Depressionen hatte, während denen sie sich umbringen wollte. Sie merkte, daß, wenn sie an einem Schuhladen vorbeiging und sich ein Paar neue Schuhe kaufte, die Sache wieder gut war. Damit hat sie ihre Depressionen geheilt, eben weil sie etwas für sich selber getan hat. Es kann einem in vieler Hinsicht helfen, wenn man etwas für sich tut, und zwar vielleicht in einer egoistischen Art und Weise.

Es gibt Männer, die es sich zu diesem Zweck leisten, sich zu betrinken. Und es kann das Richtige sein, weil es nämlich richtig ist, daß man sich selber die Aufmerksamkeit schenkt, daß man sich selber objektiv nimmt. So kann man sich auch von Projektionen befreien. Was heißt eine Projektion? Eine Projektion heißt zum Beispiel, daß ich Eigenschaften in jemanden hineinprojiziere oder Eigenschaften vorfinde, die gar nicht dort sind, die von anderswoher kommen, zum Beispiel von mir selber. Darum bin ich nicht sicher in der Bewertung dieser Persönlichkeit. Ja, was macht man da? Man erkundigt sich, wie diese Person in Wirklichkeit ist. Man hört einmal, was andere sagen. Oder man untersucht, wie diese Leute in Wirklichkeit sind, und sieht dann zu seinem Erstaunen, daß man eventuell ein vollkommen falsches Urteil hat. Dann kann man den Grund dafür herausfinden. Man hat zum Beispiel ein ungerechtfertigtes Mißtrauen gegen jemanden und findet heraus, daß es eigentlich ungerechtfertigt ist. Nun, was macht man da? Wie kann man das korrigieren? – Erstens einmal wissen Sie durch objektive Erkundung, daß dieses Mißtrauen überhaupt nicht angebracht ist und daß diese Person vertrauenswürdig ist. Warum aber projiziere ich Mißtrauen in diese Person? Ganz einfach, weil etwas in mir nicht klappt. Es kann zum Beispiel sein, daß ich mißtrauisch bin und daß ich mich selber irgendwo nicht vertrauenswürdig finde, was ich aber nicht anerkennen würde. Ich würde vorziehen zu sagen: «Nein, ich bin ganz vertrauenswürdig.» Wir würden es nicht schätzen, wenn andere von uns dächten, wir seien nicht vertrauenswürdig, und deshalb nehmen wir an, wir seien es. Und doch haben wir einen geheimen Zweifel, ob wir es sind. Oder wir haben etwas angestellt, das zeigt, daß wir nicht ganz vertrauenswürdig sind. Dann sind wir von einem heimlichen schlechten Gewissen verfolgt und suchen überall, wo das hingehört, und entdecken dann eine ‹bête noire›. Wir entdecken jemanden und meinen: «Das ist nun dieser, der nicht vertrauenswürdig ist», und dann ist die Projektion fertig. Dann ist eine da. Wenn man diesen Prozeß durch Selbstbesinnung rückläufig machen kann, sich auch wieder in sich selber versammeln, sich selber kennenlernen kann, dann hat man ein sicheres Kriterium, dann weiß man: «Was habe ich über den zu schimpfen, er sei nicht zuverlässig? Du weißt ja von dir selber, daß du es nicht bist.» Aber das machen eben die wenigsten Leute. Es handelt sich um ganz einfache Dinge. Man sagt ja, jeder hätte seine ‹bête noire›. Es gibt irgend jemanden, von dem man denkt, *das* sei nun dieser schlechte Kerl oder so etwas Ähnliches. Man sieht dann, daß es projiziert ist und daß es sogar von einem selber kommen kann. Wenn man das einmal weiß, so hört man mit diesem Blödsinn auf.

Es gibt zum Beispiel Männer, die in alle jungen Mädchen die Unschuld selbst projizieren. Das sind die «Unschuldigen», die «immer Unschuldigen» und «Wunderbaren», die überhaupt keine schlechten Eigenschaften haben. Solche Leute sind dann natürlich vollkommen blind, das heißt, sie sind in bezug auf ihr eigenes Gefühlsleben komplett blind. Sie wissen nicht, daß sie vollkommen egoistisch und eigensüchtig sind, weil sie annehmen können, ein anderer sei vollkommen. Dann muß natürlich das Mädchen, das man heiraten möchte, vollkommen sein, denn man ist ja selber ein fabelhafter Hirsch. Also kann man nur eine ganz vollkommene Frau heiraten. Das ist eine verrückte Anforderung an den anderen Menschen, denn man fordert von ihm das, was man selber nicht tut. Das ist auch eine Projektion. Wenn man von jemandem denkt, er sei ein fauler Hund, und man ist doch nicht ganz so sicher, ob er ein fauler

Hund ist – man hat vielleicht sogar Beweise, daß er es nicht ist –, dann muß man bei sich selber nachschauen, ob man nicht selber ein fauler Hund sei. So geht das.

Wir finden das überall in der Gesellschaft. Frauen machen sich gewisse Vorstellungen über einander, und dann stellt es sich heraus, daß sie selber so sind. Und so geht es auch den Männern. Die Männer sind in dieser Hinsicht ebenso schlimm wie die Frauen, nur zielen ihre Projektionen auf andere Dinge. Sehen Sie sich zum Beispiel im Geschäftsleben um, da treffen Sie immer wieder auf die Geschichte von der ‹bête noire›. Auch in Familien geschieht es, daß der eine Bruder Projektionen auf den anderen hat und nicht sieht, daß er das am meisten beanstandet, was bei ihm selber am schadhaftesten ist. Das sind so die gewöhnlichen Dinge. Und diese kann man natürlich ohne weiteres korrigieren, indem man in sich geht und sich sagt: «Jetzt wollen wir einmal *alle* Schubladen öffnen und sehen, wie es bei mir steht.» Und siehe da, man entdeckt dann allerhand und sieht dann, daß man diese Projektionen nicht mehr nötig hat, daß man solches nicht auf andere zu projizieren braucht. Auf diese Weise kommt man natürlich von den Projektionen los. Aber es ist nicht immer eine angenehme Prozedur, man holt sich einige Schlappen dabei. Man sieht, daß man kein hundertprozentig feiner Hirsch ist. Darum gehen eigentlich diese beiden Fragen in eins.

Man kann sich nur erneuern, wenn man sich selber in die Hand nimmt. Aber Menschen, die habituell projizieren, wollen immer andere Leute dafür verantwortlich machen, wie wenn die anderen verantwortlich wären für unsere Dummheiten. Zum Beispiel sollte einen die Frau anders behandeln, weil man sich nämlich selber dumm behandelt. Dann sollte es die Frau doch richtig machen! Und so weiter.

Ich kannte einen Fall, wo die Frau ihrem Mann immer die größte Szene machte und ihn sogar physisch verletzte, weil es Gewitter gibt! Es gewittert und blitzt, und dabei blitzt es ihr in die Augen – und dafür ist ihr Mann verantwortlich! Sie machte ihn verantwortlich, wie wenn er Zeus selber gewesen wäre. Wenn ich Ihnen diese

Frau vorstellte, würden Sie nicht von ferne denken, daß sie verrückt sei, bei weitem nicht. Im Gegenteil, eine hochvernünftige Frau. Aber sie projizierte so viel, es waren immer die anderen: «Ja, wenn der und der oder das und das anders gewesen wäre, dann wäre ich natürlich anders.» Oder: «Jetzt blitzt es weiß Gott, und es blitzt mir in die Augen.» Ein Gewitter am Himmel zielt auf sie, weil sie eben eine kolossal wichtige Persönlichkeit ist und längst von Zeus auf die Liste genommen wurde, um getroffen zu werden, weil sie eine so phantastische Semele ist oder irgend so etwas. Das wäre nicht so, wenn nicht ihr Mann schuld daran wäre! Ich fragte sie, wie denn nun ihr Mann daran schuld sein könne und warum sie ihn verantwortlich macht. Da stellte sich heraus, daß er Gewitter gern hatte. Er liebte Gewitter. Und das ist seine verfluchte Gemeinheit, daß er das liebt, was doch auf sie zielt und sie töten will. Darum ist er der geheime Bundesgenosse von Zeus und von Semele, die vom göttlichen Feuer verzehrt worden ist. Das ist nun ein griechischer Mythos, gespielt im Leben einer vollkommen vernünftigen Schweizerin. Sie ist Semele – und weiß es nicht. Er ist, wenn nicht Zeus selber, so doch ein Kollege von Zeus und ein Mitverschworener. Zeus zielt weiß Gott auf sie, weil sie eben eine Göttin ist, eine Halbgöttin, eine Semele; und wenn es ein Gewitter gibt, dann könnte der Blitz sie treffen. Sie sieht deutlich, wie diese Blitze ihr in die Augen blitzen, und das ist eine furchtbare Unverschämtheit. Ihre ganze Reputation wird ja in Frage gestellt dabei, weil dieser Zeus es auf sie abgesehen hat. Und doch ist das eine sehr feine Sache, wenn sich Zeus selber für einen interessiert. Und der Mann läßt das alles geschehen. Er macht nicht, daß es keine Gewitter gibt. Er ist eben ein Kollege, ein Mitverschworener von Zeus, der sie Zeus ausliefern will. Es ist ein ganzes Konglomerat von ‹plots›,von Komplotten, Kabalen. Daraus ergibt sich dann dem Mann gegenüber ein ganz kompliziertes Spiel von Emotionen. Sie weiß das nicht, sie hat keine Ahnung davon. Wenn sie sich nun also von dieser Projektion befreien will, muß sie in ihr Kämmerlein gehen, auf ihr Stühlchen sitzen und sich einmal aufschreiben: «Also: mein Mann macht Gewitter.» Dann würde sie sagen: «Nein, das ist dann doch zu stark: Mein Mann kann keine Gewitter machen. Aber woher kommt es denn, daß es mir in die Augen blitzt?» – Das ist der «Blitz-Gott», der es auf sie abgesehen hat. Dabei merkt sie immer noch nicht, daß *sie* es auf den «Blitz-Gott» abgesehen hat. Das ist doch das Verflixte! Solche Überlegungen muß sie sich machen, und wenn sie sich diese Überlegungen macht, so kommt sie aus diesen Projektionen heraus. Das Wunderbare ist nur, wie die Leute zu solchen archetypischen Vorstellungen kommen. Aber das kommt daher, daß wir alle ein kollektives Unbewußtes haben, das solche Vorstellungen enthält. Und wenn dann etwas nicht besonders interessant ist – man fährt nicht jeden Tag in einer goldenen Chaise spazieren, Zeus kommt nicht in Form von goldenem Regen durchs Dach zu einem, und man reitet nicht auf einem Europa-Stier (ja dann wäre das Leben schön), sondern man muß mit der Straßenbahn fahren, und das ist so langweilig –, dann kommen archetypische Kompensationen, und die Menschen bauen so lächerliche Phantasien auf. Natürlich sind sie für den Betreffenden, der sie behandelt, sehr interessant. Sie können dann zum Beispiel die ganze griechische Mythologie auf Zürichdeutsch hören, es spielt sich an einer Straße Nummer soundso in Zürich ab, und es ist Frau Soundso, Frau Kabis-Häuptli. Das ist alles furchtbar banal, aber wenn Sie es genau anschauen, ist es wirklich ‹der Gott und die Bajadere› oder ‹Zeus und Semele› und so weiter. Das verdirbt unter Umständen eine ganze Ehe, es verdirbt das Verhältnis zu den Kindern, wenn zum Beispiel eine Frau eine Semele-Phantasie hat, was öfters vorkommt. Was geschieht dann mit ihrem Sohn? Der ist ja dann Dionysos! Wehe dem! Er wird in den Mythos einbezogen und muß dann dem Dionysos entsprechen. Wenn er dann Alkoholiker wird, wundert sich alle Welt. Er kann zu Ehren dieses Mythos ein Alkoholiker werden.

Ich habe mehr als einen Fall gesehen, wo die Mutter, eine sehr lebensfähige Person, allerhand Phantasien von eben solchem Zeus-Charakter hatte. Sie wissen ja, wie viele Liebschaften Zeus hatte. Es war aber nichts Derartiges vorgekommen. Sie hatte aber einen

Sohn, der dann alle diese Torheiten anstellte. Und dann wunderte sich die Mutter, sie wußte gar nichts davon. Denn alle Projektionen wirken wie Wurfgeschosse, psychische Wurfgeschosse. Wenn jemand auf einen projiziert, ist es, wie wenn man von einem Schuß erreicht würde. Der Gott ist wie etwas, das in einen eindringt. Ein Mann kann zum Beispiel von weiblichen Projektionen vollständig verdreht werden, ohne zu wissen, wie ihm geschah. Ein weiblicher Pfeil hat ihn getroffen. Und umgekehrt. Darum ist es so wichtig, daß man weiß, was zu einem gehört und was nicht zu einem gehört. Wenn also die betreffende Dame mit ihren Semele-Phantasien die Güte hätte nachzudenken, ob sie wirklich Semele sei, die Zeus-Geliebte und die Mutter eines Gottes, dann würde sie bald eines Besseren belehrt. Aber das wird eben nie gedacht, sondern nur getan, nur gemacht, man läßt es so geschehen. Das ist eben das Gefährliche daran. Daraus ergeben sich natürlich Neurosen, das können Sie sich leicht denken. Stellen Sie sich einen Mann vor, der für seine Frau quasi einen Zeus darstellt, oder auch nur einen Kollegen von Zeus, und der in Verdacht steht, Gewitter zu machen, und der dafür bestraft wird, daß er Gewitter macht. Ja, Herrgott, so einer muß doch nach relativ kurzer Zeit den Größenwahn bekommen. Wenn er nicht darüber nachdenkt, hat er nur die *Wirkung*, daß auf ihn so reagiert wird, wie wenn er «Gottseibeiuns» selber wäre. Das hat natürlich eine Wirkung. Das verändert ihn. Darum gibt es ja viele Männer – mit den entsprechenden Frauen –, die durch die Ehe in eine ganz merkwürdige psychische Veränderung hineingeraten durch die Wirkung solcher Archetypen, die die Frau mitbringt. Et vice versa! Ich muß das immer wieder hinzufügen. Es ist nicht nur das eine Geschlecht, sondern auch das andere. Das vergiftet unsere Gesellschaft und unsere persönlichen Beziehungen in hohem Maße, weil es eben nicht paßt. Es paßt nicht zu uns. Darum muß ich wissen, wer ich bin, wenn ich mich von diesen Dingen befreien will. Das heißt, ich muß wissen, es gehört nicht zu mir, daß ich solche Allüren habe. Ich habe vielleicht eine solche Allüre, wenn man sie mir zuschießt, heimlich in den Rücken schießt. Man kann jemanden mit solchen

Erwartungen verderben, namentlich Kinder. Zum Beispiel kann die Mutter ihren Sohn vollständig verderben dadurch, daß sie falsche Erwartungen an ihn stellt. Sie kann ihn «verdrehen», und das kann man auch mit Erwachsenen. Darum ist die Analyse der Projektionen wichtig.

Als Arzt konnte ich mir natürlich den Spaß nicht leisten, mit meinen Patienten griechische Mythologie aufzuführen. Sondern ich mußte aufpassen, daß ich merkte, was da projiziert wird. Zu diesem Zweck durfte ich nicht auch projizieren. Wenn man einen solchen Beruf hat, wie ich ihn gehabt habe, wird natürlich weiß der Teufel was in einen hineinprojiziert. Man ist dann der Heiland, und ich weiß nicht, was alles. Es ist zum ...! Das hängt einem schließlich zum Hals heraus. Aber wenn man das nicht weiß, so hat es verheerende Wirkungen! Es ist eine Regel, daß die Eltern, sei es der Vater oder die Mutter, *das* an den Kindern herausbringen wollen, was sie selber nicht tun. Sie schieben ihnen *das* Leben zu, das sie selber nicht gelebt haben. Das ist unerbittlich so. Das ist ein mathematisches Exempel. Man sieht sehr deutlich, wie das dann auf die Kinder einwirkt. Ich glaube, ich erzählte Ihnen hier vor einem Jahr das Beispiel einer Familie, in der sechs Töchter das Anima-Problem ihres Vaters darstellen mußten.

PUBLIKUM: Nein.

C. G. JUNG: Nicht? Der Vater war – um einen anständigen Ausdruck zu gebrauchen – ein «Pfahlbürger». Er wußte nicht, daß er natürlich auch einen Rattenfänger in sich hatte. – Er hatte also sechs Töchter und war ein großer Deutschenhasser. Die erste Tochter heiratete einen deutschen Theologen. Theologen konnte er ohnehin nicht riechen. Die zweite war jahrelang ebenfalls mit einem deutschen Theologen verlobt und heiratete ihn schließlich. Die dritte hatte jahrelang ein Verhältnis mit einem Deutschen – à l'insu de ses parents – und heiratete diesen schließlich. Es war eine etwas skandalöse Geschichte. Sie hatte bereits eine gewisse Neigung zur artistischen Seite. [...][20] Mehr dann noch die vierte, die stark zur artistischen Seite neigte. Diese tat sich dann mit der jüngsten, der fünften Tochter, zusammen. Sie lebten beide in einem Hotel Garni in Paris und zogen mit Korsen herum, sie trieben es so bunt, daß es in dieser absolut honorablen Familie beinahe einen Skandal gegeben hätte. Ich ließ dann die mittlere Tochter kommen und sagte ihr: «Wissen Sie, ich habe alles gehört – da muß man etwas machen.» Die Mädchen sind ja eigentlich von der Familie, von den Eltern verdorben worden. Da sagte sie: «Es ist so furchtbar, ich weiß gar nicht, was ich tun soll. Das geht doch nicht, nicht wahr.» Ich sagte: «Ja, es ist eine höchst bedrohliche Situation.» Ich kannte diese Leute sonst nicht, aber ich kannte die Familie als eine sehr gute Familie, und im übrigen rechte Leute. So sagte ich: «Wir müssen etwas unternehmen. Gehen Sie nach Hause, und schreiben Sie Ihren Schwestern, der Professor Jung sei nicht einverstanden mit dem, was sie da trieben.» Worauf beide Schwestern nach Hause zurückreisten. Die ganze Sache wurde abgeblasen, und beide haben geheiratet. – Weil ich ihnen nämlich ins Konzept gepfuscht habe. Ich nahm die Rolle des Vaters an und sagte: «Das geht auf keinen Fall!» Wenn der Vater so etwas *nur einmal* gesagt hätte, wenn er nur einmal hätte wissen wollen, was da vor sich ging, wäre die ganze Sache nicht geschehen. Dann hätten sie nämlich ihre Projektionen eingesehen, ihre Erwartungen. Sie waren alle «falsch gedreht» dadurch, daß der Vater ein Stück Leben nicht kannte und die Mutter ein solches Gesichtsfeld hatte, wie wenn sie ewig durch eine Zigarrenschachtel hindurchsehen würde. Die reagierte auch nicht. Als ich die Tochter fragte: «Warum haben Sie nicht mit Ihrem Vater oder Ihrer Mutter einmal darüber gesprochen?» sagte sie: «Das ist unmöglich, das kann man doch nicht diskutieren. So etwas gibt es in unserem Umkreis überhaupt nicht.» – Das ist die richtige Einstellung, da können Projektionen gedeihen! Diese armen Kinder mußten einfach diesen jammervollen, engen Horizont der Mutter und die noch viel jam-

20 Hier korrigiert C. G. Jung seinen Irrtum: es waren fünf, nicht sechs Töchter.

mervollere Enge des Vaters kompensieren. Die einen mußten das heiraten, was der Vater haßte, was er verachtete, und die anderen, was die Mutter haßte und verachtete. Das ist also: «Des Vaters Segen baut den Kindern Häuser. Der Mutter Fluch aber reißet sie nieder.»[21] Nur daß hier kein Segen darauf war, weil solche Projektionen bestanden. Aber in welcher Familie gibt es keine solchen Projektionen? – Wenn ich dort nicht eingegriffen hätte, wären die beiden Mädchen in die Prostitution abgeglitten. Das war ganz einfach. Stellen Sie sich einmal so etwas vor: Zwei Schweizer Mädchen mit Korsen, die mit vendettageschliffenen Messern herumhantierten. Man hätte ja befürchten müssen, daß sie einmal ermordet worden wären.

Jetzt muß ich aufhören. Jetzt habe ich genug.

Sabi Tauber: Möchten Sie jetzt nicht noch ein Glas Wein trinken?

C. G. Jung: Nein, nein. Jetzt muß ich heimwärts reisen – auf Flügeln des Windes. Littéralement.

Ignaz Tauber: Ich glaube, ich spreche im Namen aller, wenn ich Ihnen ganz herzlich danke für die Mühe, die Sie sich gegeben haben, uns etwas von Ihrem Wissen und von Ihrer Erfahrung spüren zu lassen.

C. G. Jung: Ich habe immer Angst, daß ich viel zu viel rede und mich repetiere. Habe ich keine doppelten Geschichten erzählt? Nicht wahr, wenn man alt wird, dann kommt diese «loquacitas senilis». Ich hatte selber einen Onkel, der seinen Söhnen sagte: «Wenn ihr bemerkt, daß es nicht mehr so klappt, so sagt es mir bitte. Dann werde ich zurücktreten.» Sie versprachen es ihm, und dann, ein paar Jahre später, fanden sie, es sei nun wirklich an der Zeit, daß der alte

21 Jesus Sirach 3,9 (Septuaginta): «Denn der Segen des Vaters baut den Kindern feste Häuser, doch der Fluch der Mutter reißt die Fundamente aus.»

Herr zurücktrete. Der älteste Sohn ging hin und sagte: «Vater, wir haben gedacht, es wäre nun an der Zeit, daß du in den Ruhestand trätest.» Da sagte dieser: «Was?! Noch nie fühlte ich mich so lebendig, so kräftig und jugendlich! Ich war noch nie so gut in Form!» – Da war es schon zu spät!

Teil 2

# Fragestunde vom 29. Mai 1957 (Fragment)

# Über den Schatten

IGNAZ TAUBER: Wir danken Ihnen, Herr Professor Jung, daß Sie heute zu uns kommen, und möchten Ihnen eine Frage vorlegen über den Schatten: Hat Christus selber zur Verdrängung des Schattens, das heißt seiner dunklen Seite, angeraten, und war das historisch bedingt? Oder ist das eine spätere Auslegung der Kirche? Und: Ist es heute überhaupt möglich, mit einer christlichen Erziehung eine echte Beziehung zu seinem Schatten, zu seiner dunklen Seite, zu erhalten, ohne damit in Gegensatz zu geraten zum Christentum?

C. G. JUNG: [Es ist nicht leicht, Ihre Frage zu beantworten, weil das][22] die letzten Fragen sind, an die man stößt. Überhaupt [ist] die Frage gar nicht selten vorgelegt worden.[23] Das ist auch ein ganz seriöses Problem, denn, nicht wahr, Christus gilt ja allgemein, auch in der freisinnigen Theologie und dort ganz besonders, als ein *Mensch*. Infolgedessen müßte man also annehmen, er habe das, was wir einen Schatten nennen, das heißt eine Seite, die weniger vollkommen ist, die weniger glänzend ist, welche also nicht den Idealen der Vollkommenheit entspricht. Wie Sie wissen, vermeidet dies die orthodoxe Auffassung, gerade eben die archi-orthodoxe Auffassung des Katholizismus, die Christus von der ‹macula peccati›, von der «Befleckung durch die Sünde», freispricht. Er ist ‹sine macula pec-

22 Vom Herausgeber rekonstruierter Satzteil.

23 C. G. Jungs Antwort auf diese Frage ist zusammengefaßt zum Beispiel in *Der Geist Mercurius,* GW 13, § 290. Man vergleiche auch etwa *Jung und der religiöse Glaube,* GW 18/II, §§ 1584-1690.

cati originalis›. Er ist außerhalb der Erbsünde geboren oder gezeugt; ebenso ist auch seine Mutter außerhalb des Bereiches der Erbsünde, und zwar durch das Dogma, durch die Deklaration der ‹conceptio immaculata› – vor hundert Jahren wurde dieses Dogma eingeführt von Pio nono.[24] Von dieser Seite her ist also Christus *ohne* Makel. Hingegen haben wir aus den Berichten des Kirchenvaters Irenäus von Lyon, Anfang des 3. Jahrhunderts, den Bericht über die gnostische Theologie, die angenommen hatte, daß Christus wohl mit einem Schatten geboren sei, diesen Schatten aber von sich abgeschnitten habe, und von da an habe er ohne Schatten gelebt. Nun ist uns aber nicht überliefert, was nach der Vorstellung dieser Gnostiker denn mit dem abgeschnittenen Schatten geschehen sei. Man kann aber aus der Evangelien-Erzählung schließen, daß das der Teufel selber ist, denn laut Evangelien-Bericht hat er sich vom Teufel abgesagt: «ἄπαγε, σατανᾶ! Weiche hinter mich, Satan!»[25] Er hat sich damit von der dunklen Hälfte endgültig getrennt. Was ja eigentlich sein müßte, wenn die kirchliche Lehre vom ‹summum bonum› gültig wäre. Das heißt, in der Kirche ist sie eben gültig. Nicht nur im Katholizismus, sondern auch im Protestantismus [gilt] nämlich, daß Gott, der Vater, das summum bonum ist und daß Er keine Finsternis enthält. Wo aber die Hölle sein sollte und der Teufel, das bleibt unerklärt. Das ist außerhalb des Bereiches des Vaters. Das wird einfach übergangen; es wird nicht erwähnt, wie *er* eigentlich in der Allmacht Gottes drinsteht. Jakob Böhme setzte sich mit diesem Problem auseinander. Aber er ist eben auch ein Gnostiker, und die Gnostiker werden immer beschimpft, weil sie sich mit den Fragen beschäftigten, die die Theologen als unangenehm auf die Seite geschoben haben. Es sind in Wirklichkeit Theologen, zum Beispiel Valentinus oder Basilides, die großen Gnostiker waren große Theologen. Valentinus zum Beispiel war sogar ‹papabile›; er erstrebte den Bischofssitz von Rom. Er kam dann allerdings nicht

24 Pius IX., 1854.
25 Matth. 4,10.

dazu, aber er muß ein hervorragender Theologe gewesen sein, einer, der im Unterschied zu den anderen gedacht hat. Die anderen stellten es sich nur vor, die dachten nicht, während er sich Rechenschaft gab. In den neuen Funden von Ägypten, in dieser Gnostiker-Bibliothek, [befindet sich] ein Original aus der Valentinischen Schule, das sogenannte ‹Evangelium veritatis›, das Evangelium der Wahrheit[26], wo er ganz anders als die andern Kirchenväter in reflektierter Art versucht, die Quintessenz aus dem Christentum zu ziehen. Er war vermutlich ein hochgebildeter Römer, der sich die Frage vorlegte: Was *sagt* eigentlich das Christentum? Was *meint* das eigentlich? Was soll das sein mit dieser Geschichte vom inkarnierten Gott? Da versuchte er sozusagen eine Quintessenz des christlichen Gedankens herauszuarbeiten. Diese Leute stießen nun eben auf das Problem: «πόθεν τὸ κακόν? Woher kommt das Übel?»[27] Dieser Ausspruch stammt von Basilides, dem großen Gnostiker, der sich eben auch in ganz besonderem Maße mit dem Problem des Bösen befaßt hat, und daher mit dem Problem des Schattens.

Bei diesen [Gnostikern] ist es also klar, daß Christus zwar mit einem Schatten geboren war, aber diesen Schatten von sich abgeschnitten hat, und aus diesem Schatten wurde der Teufel. Wir müssen also damit rechnen, daß eine ursprüngliche Vorstellung vorhanden ist, und zwar ein ‹sous-entendu›, wohlbemerkt, eine *unbewußte* Voraussetzung, die mit dem Wesen von Jahwe, dem alttestamentlichen Jahwe, zusammenhängt, daß Christus ursprünglich *auch* eine ‹coincidentia oppositorum› ist, ein Zusammenfallen der Gegensätze, eine Einigung oder ein Einssein der Gegensätze.[28] Dieses spaltete sich dann, durch einen Akt der ethischen Entscheidung sozusagen, in zwei. Das andere wäre dann «der dunkle Bruder».

26 Vgl. C. G. Jung: *Ansprache bei der Überreichung des «Jung Codex»*, GW 18/II, §§ 1514–1517 und 1826–1834.

27 Vgl. C. G. Jung: *Versuch einer psychologischen Deutung des Trinitätsdogmas*, GW 11, § 249.

28 Vgl. auch C. G. Jung: *Die Personifikationen der Gegensätze*, GW 14/I, § 200.

Dem kommt symbolgeschichtlich die Tatsache entgegen, daß Christus und der Teufel eine ganze Reihe von Symbolen gemeinsam haben. Zum Beispiel: Der Teufel ist «der Löwe», und Christus ist «der Löwe». «Leo de tribu Juda»[29] oder «er geht umher wie ein brüllender Löwe»[30] – und suche, wen er verschlinge. Oder der Adler. Oder die ‹stella matutina›, das ist der Morgenstern, der Luzifer. Beide sind ‹lucifer›[31]. Das weist auf eine ursprüngliche Einheit hin, die sozusagen durch einen Willensakt getrennt wurde. Die ursprüngliche Einheit ist tatsächlich in seinem Vater, nämlich im jüdischen Jahwe, vorhanden. Jahwe ist eine ‹coincidentia oppositorum›. Er hat beide Seiten, eine helle, positive Seite und eine dunkle Seite. Einerseits – nicht wahr – soll man diesen Gott lieben, andererseits soll man ihn fürchten. Sie haben aber das gleiche im Neuen Testament, daß gerade dieser Johannes, der Epistelschreiber und vielleicht auch der Theologus, dem auch die Apokalypsis Joanu, die Offenbarung Johannis, zugeschrieben wird[32] – und dieser ist ja wirklich der Apostel der Liebe par excellence –, zum Schluß kommt, daß das ‹evangelium aeternum›, das in der Apokalypse eröffnet wird, laute: «Fürchte Gott!» – Entdeckt die Furcht wieder und den Terror, der von Jahwe ausgeht![33]

Wir hätten auch ein späteres Beispiel: Nehmen Sie unseren nationalen Heiligen, Niklaus von Flüe. Er hatte eine Gottesvision, die so furchtbar war, daß die Leute sein Gesicht nicht mehr ansehen konnten. Er hatte einen derartigen Schreckensausdruck im Gesicht, daß sie vor ihm wegliefen. Er selber war so furchtbar beeindruckt davon, daß er lange Zeit meditieren mußte, bis er diesen Gott in die Dreifaltigkeit umwandeln konnte. Er machte das mit Hilfe eines

29 1. Mose 49,9 («Ein junger Löwe ist Juda.»).
30 1. Petr. 5,8.
31 lat. lichtbringend, ans Licht bringend.
32 Vgl. C. G. Jung, *Antwort auf Hiob*, GW 11, §§ 698–741.
33 Jung berichtet über eine eigene, frühe Erfahrung mit der dunklen Seite Gottes in: *Erinnerungen, Träume, Gedanken;* aufgezeichnet und herausgegeben von Aniela Jaffé. Zürich und Stuttgart 1962, pp. 42–47.

Büchleins eines süddeutschen Mystikers. Er selber konnte nicht lesen und schreiben. Es enthielt aber Diagramme, und mit Hilfe dieser Diagramme konnte er sich diese Vision umdeuten in die liebliche Dreifaltigkeit, die jetzt noch in der Pfarrkirche von Sachseln hängt. Dieses Gemälde stammt vom Ende des 15. Jahrhunderts. Er brauchte einen ganzen Prozeß.[34]

Ähnlich wie Ignatius von Loyola, der auch eine Christusvision hatte, aber in Form einer leuchtenden Schlange. Diese kam ihm so lieblich und schön vor, daß er dachte, dies müßte etwas Gutes sein, das sei Christus. Dann zweifelte er aber daran und dachte, es könnte am Ende doch der Teufel gewesen sein. Dann war es halt der Teufel.[35] – Da sieht man, wie nah diese Dinge beieinanderliegen.

Der Prozeß, die Entscheidung bei Christus, diese Abtrennung des Schattens, ist ein historischer Prozeß, der in jene Zeit gehört. In jener Zeit vollzog sich nämlich allgemein eine Verfeinerung der moralischen Kritik. Man begann zu realisieren, daß dieses «Du sollst und du sollst nicht» allzu primitiv war und daß es Gesinnungssünden gibt, die viel schlimmer sind, als was man mit diesem Sittengebot etwa erreichen könnte. Daß da eigentlich der Grund nicht berührt wird, weil der Grund in der moralischen, ethischen Gesinnung liegt und nicht in solchen Moralgeboten. Es war jene Zeit, wo die ganze griechische Götterwelt, die römische und die ägyptische eingeschlossen, am Skandal ihrer Lebensführung zugrunde ging. Man fand, das seien doch unmoralische und unanständige Götter, die sich alle menschlichen Blößen gäben; infolgedessen wurden sie dann lächerlich gemacht. Dieser Prozeß dauerte einige hundert Jahre an. Es war eine moralische Kritik an den Göttern, und daran gingen sie eigentlich zugrunde. Das heißt, die *Phänomene,* die ursprünglich zur Benennung dieser Götter führten, waren geblieben. Zum Beispiel: Wir sind nur scheinbar frei von Wotan. Wotan, das Phänomen von Wotan ist vorhanden, und zwar in einer höchst in-

34 Vgl. C. G. Jung, *Bruder Klaus,* GW 11, §§ 474–487.
35 Vgl. C. G. Jung, *Über den indischen Heiligen,* GW 11, § 957.

teressanten Weise. In der Biographie des Niklaus von Flüe beispielsweise gibt es wunderbare wotanische Erlebnisse. So wie etwa beim Chronikschreiber von Luzern, [Renward] Cysat, wenn er schreibt, daß auf der Pilatus-Alp Wotan umginge.[36] Er heißt ja dort nicht Wotan, sondern «Wuetis-Heer». Er ging selber einmal dort hinauf und übernachtete beim Sennen. In der Nacht hörte er liebliche Musik und viele Leute, die von beiden Seiten um das Haus herumgingen, einen ganzen Zug. Er fragte am anderen Morgen den Sennen, was das nun gewesen sei. Da sagte dieser: «Ja, das war das ‹Wuetis-Heer›. Das sind die ‹säälig Lüüt›.» Das ist der positive Aspekt des wütenden Heeres, die «säälig Lüüt». *Wer* sie sieht, gehört zu ihnen, und wer das «Wuetis-Heer» antrifft, wird von ihm geraubt und assimiliert und durch die Lüfte entführt, und so weiter. Das ist ein wotanisches Phänomen, das noch zur Zeit von Cysat stattfand. Ich könnte noch eine Reihe solcher Fälle erzählen, bei denen Sie ganz deutlich sähen, wie das, was man ursprünglich Wotan nannte, immer noch vorhanden ist. Besonders bei Leuten alemannischer oder deutscher Herkunft ist das Phänomen außerordentlich deutlich. Es nützt ganz und gar nichts zu sagen, das sei alles Unsinn, das sei Aberglaube oder etwas Ähnliches – das psychologische Phänomen ist trotzdem vorhanden. Mit diesem haben wir noch längstens nicht abgeschlossen. Das ist so oder so vorhanden.

Genauso verhält es sich auch mit diesen Behauptungen von der christlichen Mythologie. Es ist eine andere Benennung ähnlicher Phänomene. Und deshalb ist das Problem dieser Schattenabtrennung ein historisches Problem. Es ist ein psychologisches Problem. In dem Moment nämlich, wo sich die Moral verfeinert, wo das moralische Problem gewissermaßen vom Niveau der polizeilichen Maßnahme entfernt und in die menschliche Brust versetzt wird, von diesem Moment an ist es eben ein psychologisches Problem, was es ursprünglich ganz und gar nicht war. Damals war es ein Problem von Satzungen. Darum gab es das negative ägyptische Sün-

36 Vgl. auch C. G. Jung: *Erinnerungen, Träume, Gedanken,* p. 234.

denbekenntnis, das Sündenbekenntnis der Seele. Wenn diese vor das Jüngste Gericht kommt, dorthin, wo das Herz gewogen wird, legt sie ein negatives Sündenbekenntnis ab: «Ich habe *nicht* das Gut der Waisen geraubt. Ich habe die Witwe *nicht* betrogen», und so weiter. Aber *was* dieser Mensch gemacht hatte, sagte er nicht. Er sagte nur, er hätte sich in keiner Weise gegen die polizeilichen Vorschriften des Weltalls vergangen. Es sei hierzulande, hier zu Ort, nichts Ehrenrühriges über ihn bekannt. In einem Paß, einem Paßgesuch oder in einem Leumundszeugnis wird nicht gesagt, man sei ein anständiger Mensch, sondern es sei nicht bekannt, daß der Betreffende einem anderen etwa den Hals abgeschnitten hätte. Das ist das negative Sündenbekenntnis unserer Behörden, wenn sie sich also auf andere beziehen und nicht auf sich selber.

Etwa zur Zeit Christi ging das negative Sündenbekenntnis von Altägypten in ein Bewußtsein über: «Ich *habe* es getan!» Man entdeckte, daß dies eine Angelegenheit der Gesinnung war, und nicht ein bloßes Vergehen gegen Polizeivorschriften, sondern daß es eine Angelegenheit der menschlichen Seele war. Die Geschichte im Neuen Testament von dieser Abtrennung Satanas' bestätigt das Vorhandensein dieses Gerüchtes oder dieses philosophischen Gedankens, ebenso wie andere symbolische Angelegenheiten im Neuen Testament, etwa das Verhältnis zu Jahwe und so weiter, wir müssen darauf nicht weiter eingehen. Es ist gewissermaßen einfach eine Veranschaulichung eines Zeitproblems.

Heutzutage stehen wir unter dem Einfluß der mittelalterlichen Entwicklung des Christentums. Wir sind uns jetzt gewohnt, in dieser christlichen Art zu denken. Nämlich im Stil des ‹summum bonum› und «Gott ist nur das Gute», «Gott ist nicht paradox, alles Böse ist schattenhaft und hat auch nicht einmal eine richtige Substanz». Es ist lediglich eine «Abwesenheit des Guten»[37]. Man denkt sich dabei ganz und gar nichts, denn wenn man denken würde, so müßte man wissen: Wenn es kein Böses gibt, wenn das Böse nicht

37 Siehe Jungs Stellung zur Lehre der ‹privatio boni› z.B. in GW 11, §§ 456–459.

*ist,* dann gibt es auch kein Gutes. Wozu auch? Es gibt kein Weiß, wenn es kein Schwarz gibt, und kein Schwarz, wenn es kein Weiß gibt. Das denkt aber niemand. Es ist ganz erstaunlich, was alles geglaubt wird; sobald man ein wenig anfängt nachzudenken, macht man die unglaublichsten Entdeckungen.

Ich beging einmal die Unvorsichtigkeit zu sagen, Christus und Maria seien ja im Katholizismus überhaupt keine Menschen, sondern Götter. Da kam ein Jesuit zu mir, er war Professor an der theologischen Fakultät in München, ein sehr intelligenter Mann. Der sagte zu mir: «Ich habe Ihren ‹Hiob› gelesen.» Da sagte ich: «Ja? Potztausend, das erstaunt mich.» – «Ja, ich habe ihn gelesen. Es läßt sich natürlich allerhand darüber sagen.» – «In der Tat», sagte ich ihm. – «Aber *eines* muß ich Sie fragen: Wie können Sie behaupten, daß Christus und Maria keine Menschen gewesen seien?» Da habe ich ihm gesagt: «Das ist doch eine einfache Sache, das ist doch ganz klar. Sie geben mir doch zu, wir sind alle in der Erbsünde geboren. Wir sind Menschen. Christus und Maria sind nicht in der Erbsünde geboren. Also sind sie offenbar keine Tiere, dann sind sie eben Götter – was gibt es denn noch? – oder Engel oder so etwas. Es sind eben keine Menschen.» Da konnte er nichts mehr sagen, weil er überhaupt noch nie darüber nachgedacht hatte. Er hat darüber nie nachgedacht.

Oder zum Beispiel ein anderer Theologe, das war ein Protestant. Die protestantischen Theologen behaupten ja, ich entwerte gewissermaßen die religiösen Vorstellungen, indem ich sie «psychologisiere», indem ich sage, das sei Psychologie. Das ist dann für diese Leute eine Entwertung, denn die Seele ist für sie kein Wert. Für mich stellt sie einen Wert dar. Für jene Leute gilt die Seele nicht als Wert. Darum ist es eine Entwertung. Wenn ich «Gott» sage, so sei das nichts als ein Psychologismus. Ich sage: «Gott ist unsere Vorstellung.» Wenn mir jemand beweisen kann, daß Er irgend etwas anderes ist, dann bin ich ihm sehr dankbar, denn das kann man eben nicht beweisen. Aber wenn ich sage: «Gott ist meine Vorstellung», dann heißt das doch nicht, daß Gott dann nicht ist! Sondern ich sage nur: Das, was ich fassen kann, ist meine Vorstellung. Das ist etwas, was ich von Ihm weiß. Darüber hinaus weiß ich nichts! Ich weiß nur, daß das meine Vorstellung ist. Alles, was ich von Gott wissen kann, ist meine Vorstellung. Alles, was ich von der Welt wissen kann, ist meine Vorstellung. Ich kann doch darüber hinaus nichts behaupten. Ja, ich kann alles mögliche *glauben*, aber *ich* kann nicht glauben, ich kann etwas nur wissen![38] Denn wenn ich es nicht weiß, ja, dann weiß ich es eben ehrlicherweise nicht. Und wenn ich es glaube, so weiß ich es nicht. Aber warum sollte ich etwas glauben, das ich nicht weiß? Es könnte ja ebenso gut unrichtig sein. Also glaube ich es besser nicht. Und wenn ich etwas weiß, so brauche ich es nicht zu glauben, denn dann weiß ich es ja.

Jener Theologe also – ich traf ihn zufällig in den Ferien an – fragte mich, ob ich auch gelegentlich mit Theologen diskutiere. Ich sagte: «Ja, ja, nicht wenig, sowohl mit Protestanten wie mit Katholiken.» – «Ach, das ist ja sehr interessant, worüber sprechen Sie denn?» Da sagte ich: «Ich habe eben jetzt einen solchen Fall in Arbeit. Ich habe verschiedenen Theologen die Frage gestellt, wie sich denn der moderne Protestantismus zur Frage des Gottesbegriffes verhalte, im Alten und im Neuen Testament. Wie setzt sich der Protestantismus damit auseinander? Zwei Theologen haben mir überhaupt nicht geantwortet. Das sind Leute an theologischen Fakultäten. Die haben mir überhaupt nicht geantwortet. Einer sagte mir: ‹Ja, das ist eine schwierige Frage – darüber muß ich zuerst nachdenken.› Er kam dann zum Schluß, daß in den letzten dreißig Jahren in der theologischen Literatur nichts mehr zum Gottesbegriff geschrieben worden sei, sondern nur zur Christologie.» Und dann sagte er [jener Theologe]: «Ja, aber das ist doch sehr merkwürdig. Diese Frage ist doch ganz leicht zu beantworten!» Da sagte ich: «Haben Sie vielleicht die Güte, mir diese Frage zu beantworten?» – «Ja, mit Vergnügen! Der Gottesbegriff im Alten Testament ist einfach eine etwas archaische Angelegenheit, während im Neuen Testament dieser Begriff einfach

38 Vgl. *C. G. Jung im Gespräch,* Zürich 1986, p. 268.

differenzierter ist.» Da sagte ich ihm: «Sehen Sie, mein lieber Herr Kollege, da begehen *Sie* nun den Psychologismus, den Sie mir vorwerfen. Jetzt ist nämlich Gott nichts als ein Begriff – bitte.» Aber wenn er dann auf die Kanzel geht, dann macht er dauernd «den lieben Gott». Er muß doch da sein, wenn er von Ihm spricht. Aber wenn *ich* davon spreche, dann ist es ein Psychologismus. Da fiel ihm natürlich die Kinnlade hinunter. Auch er hatte nie darüber nachgedacht. Zum ersten Mal wurde ihm der Gedanke klar, daß *er* ja selber diesen Psychologismus beging. Darum ist es so schwierig, über diese Dinge zu sprechen, weil die Leute überhaupt nicht nachdenken können über diese Dinge. Sie sind archetypisch verankert, diese Dinge sind ‹plus forts que vous›. Diese Hintergründe sind *so* selbstverständlich, daß man gar nicht merkt, daß sie vorhanden sind. Archetypen sind das Allerselbstverständlichste, darum merkt man gar nicht, daß sie da sind. Denn etwas Selbstverständliches bemerkt man ja gar nicht.

In unserer heutigen Zeit ist nun das Problem einfach lebendig geworden. Und zwar ganz klar durch das, was historisch geschah. Es gibt nur wenige Jahrhunderte, in denen so furchtbare Schweinereien vorgekommen sind wie in unserem. Es ist einfach grauenhaft! Und das hat eben das Problem des Bösen aufgerissen. Wir können einfach nicht mehr behaupten, das sei ein ‹μὴ ὄν›, ein Nichtseiendes.[39] Es ist eine optimistische Auffassung, das Böse sei nur ein Schatten. Das Böse ist eine Realität. Oder dann ist das Gute auch keine! Man kann aber nicht behaupten, nur das Gute sei, und das Böse sei nicht. Es *ist*! Jeder Beichtvater weiß, daß wenn einer seine Sünden gebeichtet hat und sie bereut und erleichtert von dannen geht, so geht er um die nächste Ecke und sündigt wieder. Niemand kann ohne Sünde leben! Wir können mit jedem Atemzug sündigen. Leute, die meinen, sie wären immer respektabel und täten immer das Gute ... Ja, wenn Sie in jene Hintergründe hineinschauen, wo

39 Vgl. C. G. Jung, z. B.: *Mysterium coniunctionis,* GW 14/I, § 83; oder *Aion*, GW 9/II, bes. Kap. V.

sich gerade besonders gute Oberflächen darbieten – Gott bewahre! Es gibt Gesinnungssünden, und ich bin in dieser Hinsicht weiß Gott nicht optimistisch. Nun, es ist eine Tatsache, daß es keinen Menschen gibt, der nicht sündigt, oder der jemals hoffen könnte, aus der Sünde herauszukommen. Er müßte dann schon tot sein. Wenn er nicht mehr [sündigen] kann, dann hört es auf. Aber vorher nicht. Das ist einfach eine Tatsache. Niemand kann mir weismachen, daß es anders sei.

Wenn Sie die Heiligen anschauen: Ja Herrgott, wer hat da die Last zu tragen? Wer hatte zum Beispiel für die Frau des Niklaus von Flüe zu sorgen, als er von so und so vielen Kindern und von seiner Frau weg in die Einsiedelei ging? Ja, *dort* war er ein Heiliger! Und seine Frau und seine Kinder konnten die Kühe melken oder so etwas. Aber er war aus dem Spiel. Genau wie Tolstoi, der im hohen Alter auch noch schnell ein Heiliger werden wollte und das Vermögen seiner Frau gab. Er fraß ja doch davon. – Das sind so Kindereien.

Ich sah einmal einen wirklichen Heiligen. Ich kann Ihnen leider keine näheren biographischen Details geben. Drei Tage lang redete ich mit ihm und sank jeden Tag einige Klafter tiefer in meiner Sündhaftigkeit und Unvollkommenheit. Am Abend des dritten Tages war nicht mehr viel von mir übriggeblieben. Am anderen Morgen konsultierte mich dessen Frau. Ja, da bekam ich ein anderes Bild von dieser Herrlichkeit! Ich flog die vierzehn Klafter aus der Erde wieder herauf und war vollkommen wiederhergestellt. Ich hatte die Nase voll gekriegt. Ich merkte: «Ja, das ist jetzt diese sogenannte Heiligkeit.»[40]

Natürlich gibt es auch sehr anständige Heilige, das will ich ohne weiteres zugeben. Aber diese durchleben unendliche Zeiten von Dunkelheit und Gottesferne. Lesen Sie zum Beispiel ‹Die dunkle Nacht der Seele› von Johannes a Cruce.[41] Oder zum Beispiel die

40 Vgl. C. G. Jung: *Die Beziehungen zwischen dem Ich und dem Unbewußten,* GW 7, § 306.
41 Vgl. C. G. Jung: *Die Psychologie der Übertragung,* GW 16, § 479.

höchst originelle Theresa von Avila. Aus einigen Anekdoten kann man gut erkennen, was sie eigentlich denkt. Sie war einmal auf Reisen. Da brach ein Wagenrad, und der Kasten fiel um. Sie mußte hinauskriechen und sagte dann so mit einem zum Himmel gewandten Blick: «Jetzt verstehe ich, warum Du so wenig Freunde hast.»

Natürlich sind wir heutzutage mit dieser historischen Frage, die zweitausend Jahre lang schlummerte, wieder konfrontiert, nämlich: Was [ist] mit der dunklen Seite? – Ja, wenn wir weniger bewußt wären, dann wäre es ganz einfach, dann ginge das so nebenbei. Dann ist man nicht so sauber, man ist nicht so gut, man ist nicht so moralisch, und man sieht es einfach nicht, und es schlüpft irgendwie unter. Ja, man war halt schlechter Laune und hat den anderen schnell niedergestochen. Das kann jedem passieren. – So, in dieser Art [könnte man argumentieren]. Man läßt fünf gerade sein, man schaut einfach nicht recht hin, und so geht es. Aber wenn man sich prinzipiell damit auseinandersetzen will, dann kommt die große Schwierigkeit. Und dann kommt eben die Frage: Was sagt da die Theologie dazu? Was ein Arzt dazu sagt, das ist offenbar ohnehin belanglos. Ein Arzt ist bekanntlich eine höchst zweifelhafte Größe. Der kann ganz unmoralische Ratschläge erteilen und unter Umständen ein Auge zudrücken. Mediziner haben ja in dieser Hinsicht kein Gewissen. Aber der Theologe, der muß jetzt auf den Plan. Was sagt er dazu? Wie soll man jetzt mit all diesen Fragen umgehen? Denn das läßt sich nicht mehr wegwischen, daß der Mensch eigentlich [nicht nur] gut ist. «Tout est parfait sortant des mains de l'Auteur des choses, tout dégénère dans les mains de l'homme»[42], [lautet] der Anfang von Rousseaus Buch *Emile*. Die Tatsache, daß wir eben wissen, daß das Böse wirklich ist, so wirklich wie das Gute, *das* gibt der Theologie ein höchst schwieriges Problem auf. Es ist eine Revision des bisherigen theologischen Standpunktes. Ich kann auch nicht helfen, es tut mir leid, aber so ist es. Ich würde es Ihnen gerne erspa-

42 Originaltext: «Tout est bien sortant des mains de l'Auteur des choses, tout dégénère entre les mains de l'homme.»

ren, aber es ist ein kolossal schwieriges Problem, nämlich: Wie kann man mit der Schattenseite umgehen?

Es ist eben ein Problem, das verschiedene Aspekte hat: Wir geben uns den Anschein oder wir malen es uns gern so aus, als ob wir mit dem Schatten umgehen könnten oder als ob das Problem darin bestünde, wie *wir* mit dem Schatten umgehen. Wir stellen uns aber nicht vor, wie der Schatten *mit uns* umgeht. Es war in einer englischen Diskussion mit Theologen, da sagte ein origineller alter Priester, er wundere sich darüber, warum man auch über dieses Problem *so* diskutieren würde: «He entertains evil thoughts. – I always found that they entertain *me*!» Dieser traf des Pudels Kern. Wir haben gar keine freie Hand. Der Schatten, das ist ja ein Archetyp, und der ist so, daß er einen eben nimmt, er packt einen. Niemand ist ein solcher Esel, daß er absichtlich eine eklatante Sünde beginge, denn die Nachteile sind so groß, daß man sie von sich aus unterläßt. Entweder kollidiert man mit dem Strafgesetzbuch – und das ist doch eine unangenehme Sache –, oder man kollidiert mit seiner Frau oder mit dem Ehegemahl oder mit seinen Amtskollegen oder überhaupt mit der Öffentlichkeit. Und das ist sehr unangenehm. Solches verbietet man sich, das tut man nicht. Was man dort vermeiden kann, vermeidet man ohnehin. Aber der Teufel ist, daß einen diese Dinge eben packen. Man hat gar keine Möglichkeit, man hat nicht einmal Zeit. Die Sünde ist schon begangen, bevor man merkt, daß man sündigt. Man fällt einfach hinein und hat zum Schaden noch den Spott. Man ist einfach in einer verdammten Situation. Der Moralquengler sagt dann natürlich: «Ja, aber das hättest du doch vermeiden sollen.» – «Ja natürlich hätte ich es vermeiden sollen, wenn ich nur gekonnt hätte. Aber der Teufel ist: Es geschah, bevor ich es merkte! C'était plus fort que moi.» Das ist eben die Situation, und das gibt natürlich dem Ganzen einen ganz anderen Aspekt. Man kann in solchen Fällen nicht vorher entscheiden, ethisch entscheiden, will ich nun so oder will ich so. Das sind die seltensten Fälle.

In Wirklichkeit ist es meistens so, daß einem etwas Unangenehmes passiert, das man dann bereut, wie wenn man es hätte vermeiden können. Es ist gerade so, wie wenn jemand in eine Gletscherspalte fällt. Er kann nur sagen: «Warum gehe ich auf die Berge?» Aber zu einem normalen Leben gehört schließlich, daß man auf die Berge geht, und man kann irgendwo hinunterfallen. Nicht, daß man es etwa gewollt hätte, oder daß einem eine ethische Entscheidung das nahegelegt hätte, man könnte jetzt hier eventuell hinunterfallen, *um* eine Sünde zu begehen. So nämlich dachten die Gnostiker. Die dachten, sie *müßten* Sünden begehen – unter Anrufung des Erzengels, der sie bewahren mußte, während sie diese Sünden begingen –, weil sie nämlich sonst von den Sünden nicht erlöst werden könnten, nach dem Grundsatz «Du kannst von keiner Sünde erlöst werden, die du *nicht* begangen hast».[43] Also, tableau! Wir *müssen* Sünden begehen, damit wir erlöst werden können. Denn diese, die wir nicht begangen haben, bleiben ewig unerlöst. Wovon sollen wir erlöst werden, wenn wir keine Sünden begangen haben? So sind sie [gewisse Gnostiker] in die Antinomik hineingekommen und in den Libertinismus und in ganz abscheuliche Orgien, wo sie kräftig sündigten.

Luther wußte das. Er wußte zum Beispiel, worauf die Melancholia und die Depression seines Freundes Melanchthon beruhte. Darum sagte er ihm: «Melanchthon, du sündigest zuwenig. Pecca, fortiter pecca! Sündige, aber kräftig!» Das ist Luther. Er merkte, daß seine Depressionen damit zusammenhingen, daß er [Melanchthon] als Intellektueller und als Gelehrter – es ist ja ein typisch intellektueller Habitus in seinen Bildern – immer etwas über sich selber schwebte, da bekam er natürlich eine Depression. De-pression heißt hinunterdrücken. So wurde er aus dieser Höhe hinuntergedrückt. Und wohin kommt man, wenn man hinuntergedrückt wird? – Bis hinunter in den Dreck, in einen heilsamen Dreck. Da sagte Luther zu ihm: «Nimm diesen an! Humilis sis! Du mögest be-

43 Vgl. C. G. Jung: *Die Frau in Europa*, GW 10, § 271; *Mysterium coniunctionis*, GW 14/I, § 277.

scheiden sein!» Wir gehören zur Erde, und die Erde besteht eben aus Materie oder aus Dreck, wie der Lehm. Dreck ist ja nur Materie, aber am richtigen Ort, und man kommt eben «in die dunkle Materie», die man *auch* ist, und das nicht absichtlich, sondern man wird in sie hineingeführt. Warum heißt es im [Vaterunser: «Führe uns nicht in Versuchung» ...][44]

Unsere Tochter sagte, als ihr die Großmutter das Vaterunser beizubringen versuchte – sie war sieben Jahre alt –: «Das bete ich nicht.» Da fragte ich: «Warum nicht?» – «Gott führt uns nicht in Versuchung, das ist böse.» Und sie blieb konsequent dabei. Ich habe ihr das nicht vorgesagt. Aber, wenn Sie bedenken, die Allmacht, die Allwissenheit, diese Größe der Gottheit, die sich anschickt, diese Blattläuse da auf der Erde in Versuchung zu führen. Was für eine Vorstellung! Das ist genauso, wie wenn ein Vater oder eine Mutter, die absolute Autorität über die Kinder haben, diese in Versuchung führen wollten, etwas Falsches zu tun, und sie dann nachher dafür bestrafen. – Eine furchtbare Idee! Aber sie *ist* vorhanden, und das heißt, dieser Gott hat eine dunkle Seite, und Er *meint* es auch! Darum sagt auch Christus: «Führe uns nicht in Versuchung», weil in dieser Hinsicht eben eine Gottesabsicht besteht. Meister Eckhart sagt in seiner Predigt über «die Sünde und ihre Bereuung», daß «Gott diejenigen, die er nachmalen am meisten geliebet, zuvor mit Sünden beladen heb. Und die Apostelen, sind sie nicht allesamt Todsünder gewesen?»[45] – Auch er wußte, daß es einem Gotteswillen entspricht, daß der Mensch auch durch die Dunkelheit hindurchgehen muß und daß es keine Erlösung gibt, ohne daß der Tri-

44 Hier wurde das Tonband gewechselt. Es fehlen ein paar Worte.

45 Meister Eckehart, *Deutsche Predigten und Traktate,* München 1963. In Traktat 12 heißt es: «Darum duldet Gott gern den Schaden der Sünden und hat ihn schon oft geduldet und alleröftest über *die* Menschen kommen lassen, die er dazu ausersehen hat, sie nach seinem Willen zu großen Dingen emporzuziehen. Sieh doch: Wer war unserm Herrn je lieber und vertrauter als die Apostel? Keinem von ihnen blieb es erspart, in Todsünde zu fallen; alle waren sie Todsünder gewesen.»

but bezahlt worden ist. Das ist eine harte Lehre. Ich habe das nicht gemacht. Das *ist* einfach so. Ich habe diese Bitte «Führe uns nicht in Versuchung!» nicht ins Vaterunser aufgenommen. Ich habe auch Meister Eckhart nicht eingeblasen, sondern ich bin nur ein Arzt, der das moralische Problem seiner Patienten gesehen hat. Ich mußte so manchem sagen: «Ja, das ist schwierig, das ist eine verdammte Situation, in die hinein du dich da manövriert hast. Du fielst in ein Loch hinein, aber wie könntest du aus einem Loch herauskommen, wenn du nicht darin gewesen bist? Wie könntest du irgendwie zu irgend etwas aufsteigen, wenn du nicht unten gewesen bist? Wie hast du überhaupt gelebt, wenn du auf den Wolken gegangen bist?»

Zu den Amerikanern sage ich jeweils: «Mary had a little lamb. It was as white as snow. But once she took it down to Pittsburgh. And now, look at the damned thing!» Ich weiß nicht, ob Sie diesen amerikanischen Slang verstehen?

IGNAZ TAUBER: Nicht alle.

C. G. JUNG: Das ist ein berühmter Kindervers: «Mary had a little lamb...». Maria hatte ein weißes Lämmchen. Es war so weiß wie Schnee. Aber einmal nahm sie es nach Pittsburgh hinunter. Pittsburgh ist nämlich schwarz von Ruß. «And now look at the damned thing», jetzt schau doch diese Bescherung an! – So geschieht es eben, daß gerade moralische Leute, die ethisch begabt sind, in solche Situationen geraten, wo sie aus einem Loch herauskommen müssen. Aber sie können nicht daraus herauskommen, wenn sie nicht drin gewesen sind.

Ich kann daher diese Frage eigentlich gar nicht als ein moralisches Problem diskutieren, sondern eher als ein psychologisches Problem. Wer nicht unten war, kann nicht aufsteigen. Wer nicht unten war, der war nicht auf der Erde. Und was ist eigentlich der Sinn unserer Existenz? Sollen wir lauter Tiger sein, reizende Tiger, die nur Äpfel fressen? Vegetarische Tiger – das ist einfach eine Abnormität, eine kranke Sache. Und so ist der Mensch, der nicht auf der Erde lebt und der Erde seinen Tribut zahlt. Das tut man ja nicht freiwillig. Niemand zahlt freiwillig Steuern. Sondern es ist ein blutiges Muß, das man – man könnte sagen Gott sei Dank – nicht umgehen kann. Aber der, dem dies geschieht, sagt das nicht. Wir sind einfach exponiert, und wir müssen eben die Tatsache anerkennen, daß wir exponiert sind. Pericolosamente vivere – das Leben *ist* ein Risiko! Und wenn es keines ist, ja dann ist halt nichts passiert. Da kann man mit Voltaire auf dem Sterbebett sagen, als ihn der Abbé, der Beichtvater, fragte: «Regrettez-vous tous vos péchés, Monsieur (de) Voltaire?» – «Mais oui, mon père, et surtout ceux que je n'ai pas commis.» Das ist wahr, das ist kolossal wahr! Das ist das Problem.

Ich hoffe, ich habe Ihre ängstliche Frage in dieser Hinsicht beantwortet. Es ist eine Frage menschlicher Niederlagen. Und das ist eine Form von Krieg. Ich habe diese Welt nicht so geschaffen, wie sie ist, gar nicht. Sie müssen da schon beim Himmel irgendwie Protest einlegen gegen die Beschaffenheit der Welt. Doch was wäre, wenn wir alle gut wären? Was wäre dann? Es wäre überhaupt nichts los! Dann brauchte es ja gar keine Religionen, keine Kirchen und nichts. Also würde dann überhaupt nichts passieren. Es gäbe keine Unterschiede mehr. Es wäre kein Gefälle mehr da. Es wäre kein Ziel mehr vorhanden, denn das Ziel wäre ja schon längstens erreicht. Dann würden wir mit Harfen in den Händen geboren und würden unser ganzes Leben lang lobsingen, und sonst nichts. Das wäre zum Sterben einfach. Es gibt auch gar keine Energie ohne Gefälle. Gefälle heißt Gegensätze! Wer keine Gegensätze in sich hat, ist nicht lebendig, sondern das ist ein toter Neurotiker, der nur noch stöhnt, aber nicht lebt.

Es ist etwa so, wie wir Krankheiten ausgesetzt sind. Es kann einem passieren, daß einem ein Bein abfault, warum nicht? Das ist sehr traurig, aber an welche Instanz können wir uns da wenden? Es ist eine Tatsache, es ist ein Unglücksfall. Wenn ein Mann seine Frau verläßt oder eine Frau heimlich ihren Mann betrügt, ja, das ist ein Unglücksfall, aber damit ist zu rechnen. Schauen Sie einmal, wie Primitive leben, das ist hochinteressant. Die machen das mit viel Takt. Es ist wesentlich, nicht *was* man tut, sondern *wie* man es tut.

Auch etwas Bedenkliches kann man in einer solchen Form tun, daß es moralisch ist. Zum Beispiel: Ich möchte dich jetzt gerne betrügen, um fünfhundert Franken. Ich gebe dir dann später sechshundert. Du mußt nur die beiden Fälle nicht miteinander verknüpfen! – Ja, so geschieht es nämlich in der Wirklichkeit, nicht wahr. Es gibt da keine Rezepte. In dieser Hinsicht sind wir vollständig aus den Polizeivorschriften herausgefallen. Es gibt kein «Du sollst nicht» oder «Du sollst». Denn keine dieser Vorschriften paßt auf die individuelle Situation. Die individuelle Situation ist *immer* anders! Und da gibt es nur die individuelle Entscheidung, und *dort* stellt sich heraus, ob jemand moralisch handelt oder ob er nicht moralisch handelt. Das hat er in allen komplizierteren Fällen mit sich selber auszumachen und nicht mit dem Polizeirichter. Es gibt keine universale oder kollektive Ethik, die der Kasuistik gewachsen wäre. Man muß in jedem Fall untersuchen, *wer was* tut. Dieses «Was» des sogenannten ethischen Handelns ist durchaus nicht in allen Fällen klar zu bestimmen. Auch wenn es für eine bestimmte Situation einen Namen gibt, kann sie im einzelnen Fall ‹toto coelo› verschieden sein von einem andern Fall, der den gleichen Namen trägt. Es ist oft eine tragische Entscheidung. Oft ist es ein Geheimnis im einzelnen Leben. Aber wir haben ein Geheimnis nötig. Menschen müssen ja bekanntlich, wenn sie keine Geheimnisse haben – weil sie zu dumm sind, etwas zu entdecken, was geheim wäre –, Geheimnisse erfinden. Sie müssen zum Beispiel Geheimgesellschaften gründen. Sie müssen irgendwelche Einweihungen erfinden, die «geheim» sind. Nehmen Sie irgendeine Geheimgesellschaft; wenn Sie dann die Mysterien dieser Geheimgesellschaft untersuchen, so ist gar nichts darin, was man geheimhalten müßte. Es ist ja gar nichts geheim, es ist irgendwo schon längst verraten worden, und es lohnt sich gar nicht, das geheimzuhalten. Nehmen Sie zum Beispiel eine der Rosenkreutzer-Gesellschaften von heutzutage, die haben so fabelhafte Geheimnisse! Aber wenn Sie diese untersuchen – ah herrje! –, da müssen Sie gleich lachen. Es sind gar keine Geheimnisse. Es ist ja nichts. Es lohnt sich gar nicht. Sie sagen nur, *das* seien jetzt hochgeheime Dinge, die man verbergen müsse. Warum? Damit sie um Gottes willen ein Geheimnis haben, nämlich um ihre Eigenart zu bewahren.[46]

Darum zwingt die Natur selbst viele Menschen in Situationen hinein, über die sie schlechterdings nicht reden können, weil es zu peinlich wäre, und dann geht es ihnen viel besser. Warum? Sie haben ein Geheimnis. Sie sind für sich. Sie sind nicht besudelt mit allen anderen Menschen, nicht verschmiert mit anderen Psychologien, sondern sie tragen ihre eigene Psychologie. Sie kennen sich selber, sie haben sich selber erfahren – und *das* ist nämlich gemeint! Ich weiß nicht, ob das verständlich ist. Sollte ich nicht ganz verständlich sein, so ist das nicht darum, weil ich notwendigerweise unfähig wäre, mich deutlich oder drastisch genug auszudrücken, sondern weil das *Problem* so schwierig ist. Es ist ein neues Problem. Wir müssen hier etwas umstellen: Wir müssen denken, wenn einem anderen etwas geschieht, das uns selber zuwider ist, daß der andere *bedauernswert* ist, daß ihm etwas geschehen ist, und nicht, daß er ein schlechter Kerl ist oder daß er dies gewollt hätte und so weiter. Das ist Unsinn. Sondern die Natur hat ihn gepackt! Und hat irgend etwas mit ihm gemacht. In der großen Mehrzahl sind die Menschen arme Teufel, die einfach das Opfer einer unbarmherzigen Natur sind oder eines unbarmherzigen Gottes. Warum sagt man, Er sei der Gerechte? Oder der Allerliebenswerteste? Das sind alles nur Apotropäismen, sind Versuche, ‹appeasements›, man will Ihn günstig stimmen, es ist Euphemismus. Etwas höchst Gefährlichem gibt man einen guten Namen. Das wegen seiner Stürme gefürchtete Schwarze Meer heißt zum Beispiel ‹Pontos Euxeinos›, der «Gastliche», das «gastliche Meer». Und dabei ist es eben ganz entsetzlich ungastlich, *das* ist die Wahrheit.[47] Wenn man deshalb irgendeinen Zweifel daran wachruft – und dieser Zweifel *ist* jetzt eben heutzutage wachgerufen –, dann ist man ein Schäd-

46 Vgl. auch C. G. Jung: *Mysterium* coniunctionis, GW 14/I, § 306; und C. G. Jung: *Erinnerungen, Träume, Gedanken,* pp. 27, 28 und 47.

47 Vgl. C. G. Jung, *Allgemeines zur Komplextheorie,* GW 8, §§ 206, 207.

ling, dann muß man irgendwie zum Schweigen gebracht werden, weil man das nicht sagt, denn es wäre ja zu furchtbar, wenn man das Ideal vom ‹summum bonum› verlieren würde.

Aber unsere Wirklichkeit: Denken wir zum Beispiel an den Eisernen Vorhang, denken wir an die Wasserstoffbombe, denken wir an das Unausdenkbare, das mit der Übervölkerung der Erde droht! Ja Herrgott, da vergeht einem der Optimismus. Das können wir nicht mehr formulieren in der Sprache des hergebrachten christlichen Optimismus. Der ist übrigens auch an einem kleinen Ort zu finden, denn alle entscheidenden Wohltaten geschehen ja erst dann, wenn man tot ist. Dann kommen diese paradiesischen Bedingungen, die uns hier auf der Erde eben ausgesprochenerweise fehlen. So, jetzt höre ich [auf, jetzt] habe ich ein Beispiel gemacht.

Ignaz Tauber: Danke vielmals. Ich glaube, dann machen wir jetzt eine kleine Pause.

[...]

# Über psychologische Erkenntnisse

IGNAZ TAUBER: Hans Baumann hat das Wort.

HANS BAUMANN: Ich habe Herrn Professor Jung einen Brief geschrieben zu einer Frage, die mich schon lange beschäftigte. Es war ziemlich schwierig, diese Frage in diesem Brief genau zu formulieren. Ich habe es mir nochmals überlegt, und es läuft auf folgendes hinaus: In bezug auf naturwissenschaftliche Erkenntnisse haben wir natürlich nur unsere menschlichen Sinnesorgane zur Verfügung, und insofern sind alle unsere Erkenntnisse menschliche Erkenntnisse. Aber das Objekt, das wir erkennen, ist eine außermenschliche Gegebenheit. Hingegen handelt es sich überall, wo wir uns mit psychologischen Fragen befassen, um eine Introspektion. Wir sind also in der Fragestellung gleichzeitig Subjekt *und* Objekt. Und das macht mir persönlich in einer gewissen Art alle psychologischen Erkenntnisse in bezug auf das Numinose fragwürdig.

C. G. JUNG: Ja, das ist eigentlich eine etwas komplizierte erkenntnistheoretische Problematik. Da müssen wir uns zuerst verstehen über gewisse Dinge.

Nehmen wir zum Beispiel die Naturwissenschaften. In den Naturwissenschaften haben Sie ein sogenanntes reales Objekt, das in keiner Weise mit Ihrer Psyche verknüpft ist. Es ist für sich. Ich meine, Sie können sterben, und das Objekt ist dennoch da. Beim Psychischen ist es anscheinend so, daß es eine ganz subjektive Angelegenheit ist, indem es nur funktioniert, solange Sie psychisch funktionieren. Anscheinend. Wenn man das nun aber genauer untersucht, so handelt es sich im Fall der Naturwissenschaften um Erkenntnisse, die an einem schwer erkennbaren äußeren Objekt hängen. Das heißt, sie sind bedingt durch das Objekt. Wie schwierig also diese Feststellungen sind, zeigt zum Beispiel die moderne Nuklearphysik. Es ist außerordentlich schwierig, sich ein Bild zu machen von dem, was in der Natur geschieht. Wir kommen dort zu einem Punkt, wie Sie in Ihrem Brief ja auch richtig betont haben, wo das Experiment oder die Beobachtung diesen Vorgang bis zur Unkenntlichkeit stört, so daß Sie ihn entweder nur zum Teil beobachten können, indem Sie anderes opfern – weil Sie das eine sehen wollen, müssen Sie das andere opfern –, oder daß überhaupt die Verläßlichkeit der Beobachtung durch die Unbestimmtheitsrelation[48] in Frage gestellt ist. Es ist also gar keine einfache Sache, das «Objekt an sich» zu erkennen. Wir sind immer auf dem Weg dazu. Infolgedessen ist jede Erkenntnis in irgendeiner Art und Weise anthropomorph.

Nehmen wir zum Beispiel das Niels-Bohrsche Atommodell, das Planetenmodell. Das ist ein anthropomorphes Modell. Wenn wir die Elektronen gewissermaßen mit Planeten vergleichen, die um einen Kern herumschwirren, so ist das auch gar nicht zutreffend. Denn ein Elektron ist eher eine Wolke von Ladung und kann nicht ausgedrückt werden durch ein Planetchen. Das sind eben diese Anthropomorphismen, die auch in der Naturwissenschaft vorkommen. Nun, in der Psychologie handelt es sich auch um die Wahrnehmung gewisser schwer erkennbarer Vorgänge, die eigentlich hinter unseren psychologischen Beobachtungen liegen oder diesen zugrunde liegen. Das sehen Sie zum Beispiel an den Träumen, die wir haben. Es ist nicht einmal sicher, daß diese so sind, wie Sie sie erinnern, sondern sie sind wahrscheinlich ziemlich anders, aber unerkennbar. Erst beim Erwachen bekleiden sie sich mit Vorstellungen. Als Vorgänge im Unbewußten sind sie unerkennbar. Die Vorgänge im Unbewußten sind schlechterdings unerkennbar, genauso unerkennbar wie der Vorgang im Atom. Daher kommt es, daß die

48 Die Heisenbergsche Unschärferelation.

Begriffsbildung in der modernen Psychologie des Unbewußten merkwürdige Parallelen hat mit der Terminologie der Nuklearphysik. Das rührt einfach daher, daß beide an das Unerkennbare stoßen. Nun ist unsere Vorstellung von Psychologie das, was ich von diesen inneren Vorgängen weiß. Das ist Psychologie.

Da verkündete jüngst ein Professor an der Universität seinen Studenten, eigentlich brauchten wir die Psychologie ja gar nicht, denn das sei ja das, was man von sich selber wisse, was jeder von sich selber wisse. Das ist genauso, wie wenn ein Professor der medizinischen Fakultät sagen würde: «Anatomie, das brauchen Sie nicht, das haben Sie ja, das sind Sie ja. Und Physiologie, das brauchen Sie doch nicht. Sie können doch verdauen, ohne etwas von Physiologie zu wissen. Sie brauchen kein Lehrbuch zum Verdauen. Das sind Sie ja, das machen Sie ja, das machen Sie ja jeden Tag.» Das zeigt, daß in dieser Hinsicht ein allgemeines Vorurteil herrscht, Psyche sei das, was man von sich selber wisse. Nun ist die Psyche aber ausgerechnet das, was man nicht von sich selber weiß. Das, was wir von uns selber wissen, ist das Bewußtsein und seine Inhalte. Dieses Bewußtsein aber wird erheblich gestört durch objektive Vorgänge, die uns in ihrem An-sich-Sein unbewußt und unbekannt sind; es befindet sich im Gegensatz zu ihnen. Wir können sie aber indirekt erfahren durch Wirkungen auf das Bewußtsein, dem gewisse Bilder entnommen werden, um sie zu veranschaulichen.

[In analoger Weise] schaffen wir uns ein Atommodell aus gewissen Eigentümlichkeiten, welche das Atom präsentiert, und die an gewisse bewußte Inhalte erinnern. Ein *Modell,* nicht wahr. Und so schaffen wir auch aus dem, was das Bewußtsein uns ermöglicht, Modelle der unbewußten Vorgänge. Aber *diese* sind die eigentlichen Vorgänge. Denn wenn diese nicht wären, könnte unser Bewußtsein überhaupt nicht funktionieren. Ich könnte den nächsten Satz nicht aussprechen, wenn ich die Kooperation des Unbewußten nicht hätte. Denn das sind die grundlegenden Vorgänge. Es sind Vorgänge, die mit den Instinkten zu tun haben und die instinktive Formen haben, die man als Archetypen bezeichnet. Die Archetypen selber sind nicht zu formulieren, die kennen wir nicht, die sind nicht anschaulich, sondern sie sind da als wirkende Faktoren, ungefähr so wie das Kristallgitter in der Mutterlauge. Da besteht ein Achsensystem, ein unsichtbares Achsensystem, in einer völlig amorphen Mutterlauge, das in einem gewissen Moment der Sättigung, das heißt, wenn der Sättigungsgrad erreicht ist, zu wirken beginnt, indem nämlich durch das ideelle, nicht vorhandene Achsensystem Ionen veranlaßt werden, gewisse axiale Stellungen einzunehmen. Diese veranlassen dann die Moleküle, sich diesen Achsen entlang und namentlich in den Achsenschnittpunkten anzusiedeln. Und daraus entsteht der Kristall.[49] Genau so geht es auch in der unbewußten Psyche. Wir haben ein Axialsystem, das heißt ein archetypisches System, das die Grundlage ist aller bewußter Formen, prinzipieller Formen, sagen wir einmal. Denn unser Bewußtsein ist dann auch wieder vom Außen bedingt, von der nichtpsychischen Welt, von der materiellen Welt, der «Welt der bewegten Körper», was ja die Definition der Realität ist. Auf der anderen Seite aber gibt es ein nichtseiendes, potentielles Achsensystem, das die objektive Psyche darstellt. Sie können das durchaus mit einem Kristall vergleichen. Sie könnten sagen, das ist die Psyche eines Kristalls. Der Kristall hat eine axiale Psyche. Bei uns ist es auch so. Wir haben auch eine mathematische, arithmetische Grundlage des Menschen, des psychischen Menschen. Das können Sie bei den Mandalas beobachten – dort ist eine definitive oder mathematische Struktur vorhanden, ein Achsensystem, das unfehlbar in der merkwürdigsten Art und Weise wirkt, das gewisse Dinge zustande bringt, die uns ganz wunderbar erscheinen. Aber es ist eine mathematische Struktur, wie zum Beispiel die sogenannte «3+1»-Struktur der hergebrachten Mandalas. Nehmen wir eines der allergeläufigsten: das Symbol der Dreieinigkeit plus eins gleich Teufel. Das ist eine Vierheit. Das ist ein Axialsystem, und das ist einfach eine Exteriori-

49 Vgl. C. G. Jung: *Die psychologischen Aspekte des Mutterarchetypus,* GW 9/I, § 155.

sierung, eine Projektion des psychischen Achsensystems. Infolgedessen haben wir in der Psyche die sogenannten subjektiven Bewußtseinsvorgänge – diese sind zugegebenermaßen subjektiv – *und* die objektiv vorhandenen psychischen Grundlagen, die merkwürdigerweise nicht persönlich, sondern allgemein sind. Diese sind beim Indianer, beim Chinesen oder beim Neger oder wo auch immer immer die gleichen, obwohl unser Bewußtsein ‹toto coelo› verschieden ist. Das ist eben das kollektive Unbewußte, das unpersönlich ist, so unpersönlich wie zum Beispiel die menschliche Leber. Die menschliche Leber ist ungefähr die gleiche bei einem Chinesen oder bei einem Inder, bei einem Neger oder bei einem Eskimo. Genauso sind das Herz und alle grundlegenden vitalen Funktionen ungefähr dieselben. Und diese sind nicht persönlich. Es ist nicht Ihre persönliche Prärogative, daß Sie ein Herz haben, oder Ihr persönliches Verdienst, daß Sie einen Magen haben. Das ist keine persönliche, sondern eine objektive Angelegenheit. Daß Sie eine Psyche haben, ist eine objektive Angelegenheit. Das verdanken Sie keiner Anstrengung Ihrerseits. Es ist auch kein Willensentscheid seitens Ihrer Eltern. Sondern wenn Sie geboren werden, so werden Sie mit einer Psyche geboren, und zwar mit *dieser* Psyche geboren, die man überall hat, die sogar die Affen noch haben und die Hunde und so weiter – eine animalische Psyche, eine natürliche anthropoide Psyche, ‹to begin with›. Es ist eine anthropoide Psyche. Und diese ist objektiv, ist ein objektives Kristallsystem. Beispielsweise *hat* das Kochsalz einfach eine kubische Natur. Das Wasser hat eine hexagonale Struktur. Die hat es einfach, damit ist es [bestimmt]. Wenn es sie nicht hat, dann ist es eben kein Wasser. Sie können nicht plötzlich ein Wasser finden, das in einem anderen System kristallisiert, oder ein Kochsalz. Das ist ausgeschlossen, das gehört dazu. Und so gehört zum lebenden Wesen eine Psyche, die objektiv ist, die wir nicht gesucht haben, die da ist, bevor wir es wissen.

Deshalb gibt es zum Beispiel Kinderträume, die zu einer Zeit geträumt werden, wo überhaupt noch nicht einmal ein kontinuierliches Bewußtsein vorhanden ist, wo das Bewußtsein erst aus Inseln besteht, die dann erst später zu Kontinenten zusammenwachsen. Kinder können Träume haben, die schon das ganze Leben vorausnehmen. Das ist schon vorgesehen, das liegt in der Grundzeichnung. In einer solchen Grundzeichnung, in einem solchen Traum kann zum Beispiel eine Psychose erscheinen, und später bekommt das Kind eine Schizophrenie. Oder [es erscheinen im Traum] irgendwelche große Katastrophen – ja, die treten ein. Oder Ideen, die später einmal das Leben dieses Kindes bestimmen werden, [erscheinen] schon in den frühesten Kindheitsträumen. Und zwar [werden sie] zu einer Zeit geträumt, wo das Bewußtsein noch nicht einmal kontinuierlich ist. Das ist die objektive Psyche.[50]

Vielleicht haben Sie auch die Erfahrung gemacht, daß ein geschickter Astrologe Ihnen aus dem Horoskop ruhig Ihr ganzes Leben erzählen kann. Und es stimmt. Das wäre ja nicht möglich, wenn nicht alles vorher schon angelegt wäre und eben synchronistisch[51] mit den Sternpositionen zusammenhängen würde. Das ist furchtbar einfach. Wenn man es einige Male gesehen hat, dann ist man überzeugt. Deshalb frage ich ganz ungescheut und schamlos meine Patienten: «Haben Sie Ihr Horoskop bei sich?» Und dann sagen sie errötend: «Ja, zufälligerweise.» Manchmal meinen sie, ich sei auch so ein voreingenommener Trottel, der so etwas natürlich als eine unglaubliche Dummheit betrachte. – Nein, es steckt mir manche Lichter auf. Es ist wirklich erstaunlich. Und manchmal sehr unangenehm. Ich hatte einmal einen Assistenten, er nahm sich später das Leben. Jahre voraus [...] Es gibt so ein astrologisches System. Damals rechnete ich die Horoskope selber aus, weil ich wissen wollte, was eigentlich daran ist. Ich sah, daß er ein Symbol hatte – es gibt Symbole für jeden Grad des Tierkreises, vom Aszendenten, von seinem Geburtspunkt –, ein Pferd, das ahnungslos weidet, aber von einem Tiger beschlichen wird. Die Erklärung, die schon gedruckt

50 Vgl. C. G. Jung: *Seminare Kinderträume*, passim.

51 Vgl. C. G. Jung: *Synchronizität als ein Prinzip akausaler Zusammenhänge*, GW 8, Kap. XVIII.

da stand und schon längstens vorhanden war, lautete: «Einer, der vorzeitig durch Suizid verschwinden wird. Vor seiner Zeit.» Und so war es auch. Es gab mir einen gewaltigen Schock, als ich das fand. Ich habe damals noch gar nicht gesehen, weshalb dies hätte geschehen müssen. Doch dann ist es so passiert. Solche Dinge machen einem eben einen großen Eindruck, sogar dann, wenn es einmal nicht stimmt. Aber es gibt einem einen Gesichtspunkt, es ist interessant.

So ging es mir zum Beispiel im Jahr 1911, als ich mit diesen Dingen bekannt wurde, weil ich damals symbolgeschichtliche Studien betrieb. Ich sah damals, was für eine überwältigende Bedeutung die Astrologie in der Antike hatte. Sie hatte einen enormen Einfluß. Ich wollte zuerst etwas darüber wissen, bevor ich darüber urteilte. Da fiel mir ein Büchlein von 1595 oder 96 von einem alten Kollega in die Hände. Er war Professor der Medizin in Würzburg, ein Herr Goclenius, am Ende des 16. Jahrhunderts.[52] Der schrieb ein nettes Kompendium, so ein Vademecum für Ärzte der damaligen Zeit, für die Diagnose, nämlich [durch] Chiroskopie, die Handlinien. Da war aber noch etwas, was war da noch? Ja, dann aber hauptsächlich ein Traktat über die Astrologie vom medizinischen Standpunkt aus. Sehr interessant! Darin findet man die ersten individuellen Horoskope und ganz witzige Fragestellungen, zum Beispiel über den psychologischen Zusammenhang zwischen dem Mörder und dem Gemordeten, wie sich dies astrologisch ausdrücke. Das Interessante daran ist, daß sie sich verwandt sind, die beiden haben verwandte Stellungen. Item, dort las ich, wie er kategorisch schrieb: «Mars in medio coeli semper significat casum ab alto. – Der Mars in der Mitte des Himmels bedeutet immer einen Fall von hoch oben herunter.» Und etwa vierzehn Tage später fällt mir das Horoskop des deut-

52 C. G. Jung besaß dieses Lehrbuch der Medizin von Rodolphus Goclenius: *Uranoscopiae, chiroscopiae, metoposcopiae et ophthalmoscopiae contemplatio* (Frankfurt 1608). Er erwähnt es in GW 18/II, § 1818, und in *Seminare Traumanalyse*, p. 458.

schen Kaisers in die Hände, das jemand gemacht hatte. Er hatte Mars ‹in medio coeli›, das heißt, das ist ein kriegerischer Herr, kein Friedenskaiser, wie er genannt wurde. Wer den Mars oben hat, ist nach alter Tradition eine kriegerische Natur. Und dann [stellte sich die Frage]: Wie kann der deutsche Kaiser – bei Gott – nach unten fallen? Das konnte man sich damals gar nicht vorstellen. Aber siehe da, drei Jahre später waren wir soweit. Da sagte ich: «Ja Himmel noch einmal, da ist doch etwas dran an dieser Sache.» Ich befaßte mich dann ernsthaft damit und sah, daß es die alte Psychologie war. Es ist die alte Psychologie, die sich auf das Objektiv-Psychische gründet. Das Objektiv-Psychische verhält sich nämlich so: Ich habe eine bestimmte Wesensart und eine bestimmte Eigenart, und diese besteht aus Imponderabilien. Es ist ungefähr so, wie wenn Sie einem guten Weinkenner einen besonderen Wein geben, von dem Sie wissen, woher er kommt, und dieser Weinkenner Ihnen sagen kann, das ist dieser und dieser Jahrgang, das ist diese und diese Lage, das muß dieser und dieser Rebberg sein. Das ist möglich. Und so ist auch der Mensch von seinem Geburtsmoment, vom Ort, vom Land, von seiner Umgebung, vom ganzen Kairos, vom Zeitmoment, geprägt. Und das drückt sich im Horoskop aus. Darum können Sie gewisse Veranlagungen schon im Horoskop feststellen, die dann einmal später im Leben eventuell eine sehr große Rolle spielen werden.

Die Astrologie erreicht ihre Hochblüte nämlich in unserer Zeit, nicht im Mittelalter. Dort war sie in den Anfängen. In unserer Zeit ist die Astrologie auf einem Höhepunkt. Wenn Sie aber das Konversationslexikon nehmen, so heißt es dort: «Noch im Jahre 1722 hat der Hofrat Soundso für seine Kinder ein Horoskop machen lassen.» Der alte Dummkopf! Ein solcher Aberglaube! – Und diese Trottel, die so etwas schreiben, wissen gar nichts davon, daß es eine wirkliche astrologische Literatur erst heute gibt. Eine wissenschaftliche Astrologie gibt es erst heutzutage. Es wurden noch nie so viele Horoskope gemacht wie heutzutage. In England kenne ich einen Professor für Philosophie, der einen Einführungskurs in Astrologie hielt – an einer englischen Universität. Voilà, so ist die Situation. In der Schweiz sind wir ein bißchen Hinterwäldler. Das möchte ich jetzt doch bemerkt haben, ein bißchen Hinterwäldler.

Nun, ich will hier nicht eine Apologie für die Horoskopik machen. Aber daß so etwas möglich ist und daß sie ihre Berechtigung hat, ist nur darum so, weil eben eine objektive Psyche existiert. Die Psyche ist keine Willkürlichkeit oder eine Zufälligkeit, sondern sie ist eine ganz bestimmte funktionelle Anlage, die überall und bei allen Menschen im großen und ganzen identisch ist, wie die physiologischen und die anatomischen Dispositionen. So wie jeder Mensch einen Sternokleidomastoideus hat, so hat er auch einen bestimmten Archetypus. Und so wie der Körper aus verschiedenen Organen besteht, so besteht auch die Psyche aus verschiedenen Archetypen, aus angeborenen Formen. Das sind nicht angeborene Vorstellungen, sondern es sind Formen des psychischen Geschehens. Es sind Instinktformen. Der Instinkt ist nicht nur einfach eine Dynamis, die irgend etwas tut, sondern der Instinkt ist spezifisch und hat deshalb eine spezifische Form. [...][53]

53 Die Tonbandaufnahme bricht hier ab. Aus Notizen einiger Zuhörer zu schließen, kam Jung im folgenden auf die *Wirkung* der Archetypen zu sprechen und beantwortete den letzten Teil der Frage ungefähr so: Der numinose Archetyp ist ein Erlebnis, das nicht wir machen, sondern der Archetyp befällt uns. Saulus-Paulus zum Beispiel fällt vom Pferde, wird blind; er macht es nicht, er sagt sich nicht: «Ich bin ein unbewußter Christ.»
Doch das numinose Erlebnis passiert einem nur, wenn man den Tribut zahlt. Wenn der Gottesbegriff nicht empirisch ist, dann berührt er uns nicht, dann ist er ein leeres Wort. Ich muß wissen, wo ich vom Gotteswillen berührt bin.